Noch ein Süppchen für die Seele

Geschichten, Gedichte,
Gedanken, die Wärme
und Geborgenheit schenken

Herausgegeben
von Lia Franken

Scherz

Erste Auflage 1998

Umschlaggestaltung: Graupner & Partner

Willkommen

Fünf sind geladen
Zehn sind gekommen
Gieß Wasser zur Suppe
Heiß alle willkommen!

ALTER HAUSSPRUCH

Das «Süppchen für die Seele» hat so viele Leserinnen und Leser angesprochen, daß viele nach einer zweiten Portion verlangten. Dafür habe ich jedoch nicht den Ratschlag des alten Hausspruches befolgt (er prangte in vielen Großmutterküchen zierlich ins Überhandtuch gestickt) und Wasser in die schon vorhandene Suppe gegossen. O nein! Hier wurde ein ganz neues Süppchen gekocht; zusammengestellt zwar nach bewährtem Rezept, aber mit ganz anderen Zutaten.

Ich hoffe, es schmeckt genauso gut wie das erste Seelensüppchen und bringt wiederum Trost, Wärme, Freude und Heiterkeit in den Alltag des Lebens – wie einst das Lieblingsgericht in fernen Kindertagen.

LIA FRANKEN

7

Wenn ich liebe, seh ich Sterne . . .

Hochzeitssuppe aus der Touraine

8 große Tomaten vierteln, 2 Zwiebeln dünn schneiden, beides in etwas Fett (früher: Schweineschmalz) schmoren. ¾ Liter heißes Wasser hinzufügen, mit Salz und viel Pfeffer würzen, auf kleinem Feuer kochen, bis die Tomaten weich sind. Man streicht das Ganze durch ein Sieb, gibt eine Handvoll Fadennudeln zu, die man 5 Minuten darin ziehen läßt.

Im Périgord wird diese Suppe den Brautleuten in der Hochzeitsnacht gereicht. Das Rezept ist also nur für 2 Personen gedacht, die sich stärken müssen!

Wenn ich liebe

Wenn ich liebe, seh ich Sterne;
Ist's getan, seh ich den Mond.
Ach, es war nur die Laterne! –
Trotzdem hat es sich gelohnt.

JULIE SCHRADER

Erklär mir, Liebe

Dein Hut lüftet sich leis, grüßt, schwebt im Wind,
dein unbedeckter Kopf hat's Wolken angetan,
dein Herz hat anderswo zu tun,
dein Mund verleibt sich neue Sprachen ein,
das Zittergras im Land nimmt überhand,
Sternblumen bläst der Sommer an und aus,
von Flocken blind erhebst du dein Gesicht,
du lachst und weinst und gehst an dir zugrund,
was soll dir noch geschehen –

Erklär mir, Liebe!

Der Pfau, in feierlichem Staunen, schlägt sein Rad,
die Taube stellt den Federkragen hoch,
vom Gurren überfüllt, dehnt sich die Luft,
der Entrich schreit, vom wilden Honig nimmt

das ganze Land, auch im gesetzten Park
hat jedes Beet ein goldner Staub umsäumt.
Der Fisch errötet, überholt den Schwarm
und stürzt durch Grotten ins Korallenbett.
Zur Silbersandmusik tanzt scheu der Skorpion.
Der Käfer riecht die Herrlichste von weit;
hätt ich nur seinen Sinn, ich fühlte auch,
daß Flügel unter ihrem Panzer schimmern,
und nähm den Weg zum fernen Erdbeerstrauch!

Erklär mir, Liebe!

Wasser weiß zu reden,
die Welle nimmt die Welle an der Hand,
im Weinberg schwillt die Traube, springt und fällt.
So arglos tritt die Schnecke aus dem Haus!
Ein Stein weiß einen andern zu erweichen!
Erklär mir, Liebe, was ich nicht erklären kann:
sollt ich die kurze schauerliche Zeit
nur mit Gedanken Umgang haben und allein
nichts Liebes kennen und nichts Liebes tun?
Muß einer denken? Wird er nicht vermißt?

Du sagst: es zählt ein andrer Geist auf ihn . . .
Erklär mir nichts. Ich seh den Salamander
durch jedes Feuer gehen.
Kein Schauer jagt ihn, und es schmerzt ihn nichts.

INGEBORG BACHMANN

Wie ich dich liebe?

Wie ich dich liebe, laß mich zählen wie.
Ich liebe dich so tief, so hoch, so weit,
Als meine Seele blindlings reicht, wenn sie
Ihr Dasein abfühlt und die Ewigkeit.

Ich liebe dich bis zu dem stillsten Stand
Den jeder Tag erreicht im Lampenschein
Oder in Sonne. Frei, im Recht, und rein
Wie jene, die vom Ruhm sich abgewandt.

Mit aller Leidenschaft der Leidenszeit
Und mit der Kindheit Kraft, die fort war, seit
Ich meine Heiligen nicht mehr geliebt.

Mit allem Lächeln, aller Tränennot
Und allem Atem und wenn Gott es gibt,
Will ich dich besser lieben nach dem Tod.

ELISABETH BARRET-BROWNING

Liebst du mich?

Was antwortet man eigentlich, wenn man gefragt wird: «Liebst du mich?» Kann man da zum Beispiel antworten: «Nein!» Ist die Frage nach Liebe nicht doch bereits ein Angebot von Liebe, das nicht so leicht abgelehnt werden kann?

Gut – am besten, man wird nicht gefragt, denn Antworten wie zum Beispiel «Ja, schon» oder «Ich mag dich ganz gut» oder «Du weißt es doch» entsprechen jedenfalls nicht dem Angebot der Frage. Sie ist ja auch eine totale Frage, und sie meint eigentlich «mehr als alles andere lieben». Sie verführt zur Lüge, diese Frage, sie kompromittiert.

Anläßlich meiner Rückkehr aus Deutschland habe ich einer Zeitung in Solothurn ein Interview gegeben, und verschiedene Leute waren entsetzt, daß ich meiner Liebe zu Solothurn nicht Ausdruck gegeben habe. Es heißt inzwischen auch, ich hätte Solothurn beschimpft. Ich habe das mit keinem Wort getan, aber so ist das nun: wer etwas nicht liebt, nicht allein und ausschließlich liebt, der hat es bereits angegriffen. «Love it or leave it», heißt das auf englisch – «liebe es oder (ver)laß es».

Ich war auch schon verliebt, und seit ich es war, fällt es mir schwer zu sagen: «Ich liebe das Matterhorn, ich liebe Pellkartoffeln mit Käse.»

PETER BICHSEL

Ballade vom Brennesselbusch

Liebe fragte Liebe: «Was ist noch nicht mein?»
Sprach zur Liebe Liebe: «Alles, alles dein!»
Liebe küßte Liebe: «Liebste, liebst du mich!»
Küßte Liebe Liebe: «Ewig, ewiglich!» – –

Hand in Hand hernieder stieg er mit Maleen
Von dem Heidehügel, wo die Nesseln stehn,
Eine Nessel brach er, gab er ihrer Hand,
Zu der Liebsten sprach er: «Uns brennt heißrer Brand!

Lippe glomm auf Lippe, bis die Luft zum Schmerz,
Bis der Atem stockte, brannte Herz an Herz,
Darum, wo nur Nesseln stehn am Straßenrand,
Wolln wir daran denken, was uns heute band!» –

Spricht von Treu die Liebe, sagt sie «ewig» nur, –
Ach, die Treu am Mittag gilt nur bis zwölf Uhr,
Treue gilt am Abend, bis die Nacht begann, –
Und doch weiß ich Herzen, die verbluten dran.

Krieg verschlug das Mädchen, wie ein Blatt verweht,
Das im Wind die Wege fremder Koppeln geht,
Und ihr lieber Liebster stieg zum Königsthron,
Eine Königstochter nahm der Königssohn.

Sieben Jahre gingen, und die Nessel stand
Sieben Jahr an jedem deutschen Straßenrand,
Wer hat Treu gehalten? Gott alleine weiß,
Ob nicht wunde Treue brennet doppelt heiß!

Bei der Jagd im Walde stand mit schwerem Sinn,
Stand am Knick der König bei der Königin,
Nesselblatt zum Munde hob er wie gebannt,
Und die Lippe brannte, wie sie einst gebrannt:

«Brennettelbusch,
Brennettelbusch so kleene,
Wat steihst du so alleene!
Brennettelbusch,
Wo is myn Tyd eblewen,
Un wo ist myn Maleen?»

«Sprichst mit fremder Zunge?» frug die Königin.
«So sang ich als Junge», sprach er vor sich hin.
Heim sie ritten schweigend, Abend hing im Land, –
Seine Lippen brannten, wie sie einst gebrannt!

Durch den Garten streifte still die Königin,
Zu der Magd am Flusse trat sie heimlich hin,
Welche Wäsche spülte noch im Sternenlicht,
Tränen sahn die Sterne auf der Magd Gesicht:

«Brennettelbusch,
Brennettelbusch so kleene,
Wat steihst du so alleene!
Brennettelbusch,
Ik hev de Tyd eweten,
Dar was ik nich alleen!»

Sprach die Dame leise: «Sah ich dein Gesicht
Unter dem Gesinde? Nein, ich sah es nicht!»
Sprach das Mädchen leiser: «Konntest es nicht sehn,
Gestern bin ich kommen, und ich heiß Maleen!» –

Viele Wellen wallen weit ins graue Meer,
Eilig sind die Wellen, ihre Hände leer,
Eine schleicht so langsam mit den Schwestern hin,
Trägt in nassen Armen eine Königin. – –

Liebe fragte Liebe: «Sag, weshalb du weinst?»
Raunte Lieb zur Liebe: «Heut ist nicht mehr einst!»
Liebe klagte Liebe: «Ists nicht wie vorher?»
Sprach zur Liebe Liebe: «Nimmer – nimmermehr.»

BÖRRIES VON MÜNCHHAUSEN

Was Liebe ist . . .?

Ein Ätherrausch, ein Kreuz, ein irres Wähnen?
O Gott, das größte Wunder in der Welt:
Ein Lachen, dem sich Wermut zugesellt,
Und Freudetrunkenheit, vermischt mit Tränen.

Ein Hauch, ein Kreuz, ein rätselhaftes Sehnen?
Mein Ohr verschließt sich allem Spott der Welt.
Mein Auge öffnet sich, und unverstellt
Zeigt sich ein Wirbel nur von Lust und Tränen.

KNUT HAMSUN

Hals über Kopf

Sieglinde hält gar nichts von Karl-Dieter.

Karl-Dieter aber ist in Sieglinde Hals über Kopf verliebt.

Sieglinde weiß das, da sie schon seit zwei Jahren mit Karl-Dieter verheiratet ist, aber sie kann ja nichts dafür. Denn zwei Jahre sind eine lange Zeit, und jetzt liebt Sieglinde den Wolfgang.

Obwohl Wolfgang weiß, daß Sieglinde ihn heiß und innig liebt, will er nichts von ihr wissen, da er nur sich selbst liebt.

Sieglinde aber macht sich große Hoffnungen mit Wolfgang, weil sie keinen blassen Schimmer davon hat, daß er sie total ablehnt, obwohl er weiß, daß sie ihn heiß und innig liebt.

Woher hat Wolfgang überhaupt von ihrer Liebe erfahren? Von Sieglinde? Nein! Von Sieglinde bestimmt nicht, denn dafür ist Sieglinde zu stolz, um dem Wolfgang ihre Liebe einfach so mitzuteilen.

Aber Sieglinde hat sich dem Karl-Dieter mitgeteilt, denn sie hatte ein gutes Gespräch mit ihm, über Ehe und so, und woran das wohl liegen mag, wenn es mit dieser Institution nicht klappt, und daß man nichts dafür kann, wenn Gefühle nach zwei Jahren so langsam absacken, und daß sie sich plötzlich irgendwie einem anderen an den Hals werfen möchte, beziehungsweise dem Wolfgang.

Das alles hat Sieglinde an einem Abend dem Karl-Dieter in der gemeinsamen Küche mitgeteilt.

Daraufhin rief Karl-Dieter bei Wolfgang an und erzählte ihm alles ganz offen.

Infolgedessen gab Wolfgang zurück, daß es ihm unheimlich leid tue für Sieglinde, aber daß er, offen gesagt, nur sehr wenig von ihr halte, und das Ganze habe keine Zukunft, und Karl-Dieter sei außerdem sein Freund.

Als nächstes erzählte Karl-Dieter der Sieglinde, die ganz offen mit ihm gewesen war, daß er seinerseits ganz offen mit Wolfgang gewesen war und daß Wolfgang wiederum nicht weniger offen mit ihm, Karl-Dieter, gewesen war und daß er, Wolfgang, demzufolge ihm, Karl-Dieter, erzählt habe, daß er von Sieglinde nur sehr wenig hält.

Das hatte Sieglinde bisher noch nicht gewußt, also war das für sie nicht nur ausgesprochen unangenehm, sondern auch ganz neu.

Anschließend aber gelang es ihr, sich zusammenzuraffen. Sie schrie Karl-Dieter an, warf ihm Vertrauensbruch vor und sagte ihm ganz offen, daß sie von ihm *überhaupt* nichts halte.

Das war für Karl-Dieter sehr unangenehm, aber nicht mehr ganz neu, da er das eigentlich schon wußte, und wir auch, denn damit hat diese Geschichte ja angefangen.

JAN CORNELIUS

Es war im Winter

Es war im Winter, spät, allein wir zwei
Am Feuer des Kamins, still und verlegen.
Wir sprachen, wie verliebte Schüler pflegen,
Vom Wetter nur und wurden rot dabei.

Sie beugte tief sich auf die Stickerei,
Zur Decke starrt ich, ohne mich zu regen.
Doch sahn wir unser leisestes Bewegen,
Als ob geheftet Aug in Auge sei.

Ich dachte: Nur ein Lächeln zu erlangen,
Würd ich mein junges Herzblut gern verschwenden
Und meines Geistes schönste Blütentriebe.

Da stand sie plötzlich auf mit bleichen Wangen,
Fuhr in die Locken mir mit beiden Händen
Und hauchte: «Weißt du auch, daß ich dich liebe?»

LORENZO STECCHETTI

Konsequenz des Herzens

Ich bin nicht eifersüchtig von Natur.
Keine Spur.

Ach so, ja damals . . . Damals ja. Aber künftig
Bin ich vernünftig.

Du wirst es ja sehen.

Meinetwegen kannst du auch ganz alleine gehen.
Ich sage keinen Ton.

(Aber: treff ich dich mit der bemalten Person
Freundlich vorm Schotten-Café stehen . . .
Dann werd ich mich doch mal genötigt sehen,
Der Dame mit den gefärbten Tatzen
In vornehm-gepflegter Konversation
Die giftigen Augen auszukratzen!)

MASCHA KALÉKO

Mabel

Ich war in Pagan in Burma und nahm von dort den Dampfer nach Mandalay, aber ein paar Tage, bevor ich dort ankam, entschloß ich mich, an Land zu gehen, als der Dampfer für die Nacht bei einem Dorf am Flußufer festmachte. Der Kapitän sagte mir, es gebe dort einen hübschen kleinen Klub, in dem ich mich wie zu Hause fühlen könne; man sei dort daran gewöhnt, daß immer mal Fremde den

Dampfer verließen, und der Sekretär sei ein sehr netter Bursche; vielleicht könnte ich sogar eine Partie Bridge spielen. Ich hatte überhaupt nichts zu tun, also setzte ich mich in einen der Ochsenwagen, die am Landesteg warteten, und wurde zum Klub gefahren. Ein Mann saß auf der Veranda, und als ich herankam, nickte er mir zu und fragte, ob ich einen Whisky-Soda oder einen Gin-Bitter haben wolle. Die Möglichkeit, daß ich gar nichts haben wollte, fiel ihm überhaupt nicht ein. Ich entschied mich für den längeren Drink und setzte mich. Er war ein großer, dünner, bronzefarbener Mann mit einem großen Schnurrbart und trug Khakihemd und Khakihose. Ich erfuhr seinen Namen nie, aber als wir uns eine Weile unterhalten hatten, kam ein anderer Mann herein, der mir sagte, er sei der Sekretär, und redete meinen Freund mit George an.

«Haben Sie schon etwas von Ihrer Frau gehört?» fragte er ihn.

Die Augen des anderen leuchteten auf.

«Ja, mit der letzten Post kamen Briefe. Sie amüsiert sich prächtig.»

«Hat sie Ihnen gesagt, Sie sollen sich nicht ärgern?»

George gluckste ein wenig, aber irrte ich mich, wenn ich einen kleinen Seufzer mit zu hören meinte?

«Sie hat es tatsächlich gesagt. Aber das ist leichter gesagt als getan. Natürlich weiß ich, daß sie Ferien machen will, und ich bin froh, daß sie es tut, aber es geht einem ziemlich an die Nieren.» Er wandte sich mir zu. «Sehen Sie, das ist das erste Mal, daß ich von meiner Gnädigen getrennt bin, und ohne sie bin ich wie ein verlorener Hund.»

«Wie lange sind Sie schon verheiratet?»

«Fünf Minuten.»

Der Klubsekretär lachte.

«Seien Sie kein Narr, George. Sie sind acht Jahre verheiratet.»

Nachdem wir ein Weilchen geredet hatten, sah George auf die Uhr, sagte, er müsse sich zum Dinner umziehen, und verließ uns. Der Sekretär beobachtete mit einem nicht unfreundlichen ironischen Lächeln, wie er in der Nacht verschwand.

«Jetzt, wo er allein ist, fragen wir ihn alle so oft wie möglich», erzählte er mir. «Er hängt schrecklich trübsinnig herum, seit seine Frau nach Hause gefahren ist.»

«Es muß sehr schön für sie sein zu wissen, daß ihr Mann so an ihr hängt.»

«Mabel ist eine bemerkenswerte Frau.»

Er rief nach dem Boy und bestellte weitere Drinks. An diesem gastfreundlichen Ort fragte man nicht, ob man etwas haben wollte; sie hielten es für selbstverständlich. Er machte es sich auf seinem Liegestuhl bequem und steckte sich eine Manilazigarre an. Er erzählte mir die Geschichte von George und Mabel.

Sie verlobten sich, als er auf Urlaub zu Hause war, und als er nach Burma zurückkam, wurde ausgemacht, daß sie in sechs Monaten nachkommen sollte. Aber eine Schwierigkeit jagte die andere. Mabels Vater starb, der Krieg brach aus, George wurde in einen für weiße Frauen ungeeigneten Distrikt versetzt. So dauerte es schließlich sieben Jahre, bevor sie losfahren konnte. Er bereitete alles für die Hochzeit vor, die am Tage ihrer Ankunft stattfinden sollte, und fuhr nach Rangun hinunter, um sie zu treffen. Am Morgen der Ankunft des Schiffes lieh er sich ein Auto und fuhr zu den Docks. Er ging auf dem Kai hin und her.

Dann, plötzlich und ohne Vorwarnung, verlor er die Nerven. Er hatte Mabel sieben Jahre nicht gesehen. Er hatte vergessen, wie sie war. Sie war ihm völlig fremd. Er fühlte, wie sich sein Magen umdrehte, und seine Knie begannen zu schlottern. Es ging über seine Kräfte. Er mußte Mabel sagen, daß es ihm leid tue, aber er könne sie nicht heiraten, wirklich nicht. Aber wie konnte ein Mann einem Mädchen so etwas sagen, das seit sieben Jahren mit ihm verlobt und sechstausend Meilen hergereist war, um ihn zu heiraten? Auch dazu hatte er nicht den Nerv. George wurde vom Mut der Verzweiflung gepackt. Am Kai lag ein Schiff, fertig zur Abfahrt nach Singapur; er schrieb Mabel einen eiligen Brief, und ohne ein Stück Gepäck, nur mit den Kleidern, die er am Leibe trug, sprang er an Bord.

Der Brief, den Mabel erhielt, lautete etwa folgendermaßen:

Liebste Mabel,
ich mußte plötzlich geschäftlich verreisen und weiß nicht, wann ich zurück sein werde. Ich denke, es ist klüger, wenn Du nach England zurückfährst. Meine Pläne sind sehr ungewiß.
Dein Dich liebender George.

Aber als er in Singapur ankam, wartete ein Telegramm auf ihn.

Verstanden. Mach Dir keine Sorgen. Liebe. Mabel.

Angst machte ihn gewitzt.

«Du lieber Gott, ich glaube, sie ist hinter mir her», sagte er sich.

Er telegraphierte an das Schiffsbüro in Rangun, und richtig, ihr Name war auf der Passagierliste des Schiffes, das nach Singapur unterwegs war. Es galt, keinen Augenblick zu verlieren. Er erwischte den Zug nach Bangkok. Aber er war unruhig. Sie würde keine Schwierigkeit haben, herauszufinden, daß er nach Bangkok gefahren war, und es war für sie genauso leicht, mit dem Zug zu fahren wie für ihn. Glücklicherweise fuhr am nächsten Tag ein französischer Frachter nach Saigon. Er fuhr mit. In Saigon würde er sicher sein, sie würde nie darauf kommen, daß er dorthin gefahren war; und wenn sie darauf käme, würde sie inzwischen den Wink verstanden haben. Es ist eine Fünftagereise von Bangkok nach Saigon, und das Schiff ist schmutzig, eng und unbequem. Er war froh, als er endlich ankam, und nahm eine Rikscha zum Hotel. Er schrieb sich in die Hotelliste ein, und sofort wurde ihm ein Telegramm übergeben. Es enthielt nur zwei Worte: *Liebe. Mabel.* Sie genügten, um ihn in kalten Schweiß ausbrechen zu lassen. «Wann geht das nächste Schiff nach Hongkong?» fragte er.

Nun wurde seine Flucht ernst. Er fuhr nach Hongkong, wagte aber nicht, dort zu bleiben; er ging nach Manila; Manila war unheilverkündend. Er fuhr weiter nach Schanghai; Schanghai war nervenaufreibend. Jedesmal wenn er das Hotel verließ, erwartete er, Mabel in die Arme zu laufen. Nein, Schanghai war nicht genug. Das beste war, nach Yokohama zu gehen. Im Grandhotel von Yokohama wartete ein Telegramm auf ihn:

Sehr schade, daß ich Dich in Manila verpaßt habe. Liebe. Mabel.

Fieberhaft durchforschte er die Schiffsnachrichten. Wo war sie jetzt? Er kehrte nach Schanghai zurück. Diesmal ging er direkt zum Klub und fragte nach einem Telegramm. Es wurde ihm ausgehändigt:

23

Ankomme in Kürze. Liebe. Mabel.

Nein, nein, so leicht war er bestimmt nicht zu fangen. Er hatte seine Pläne schon gemacht. Der Jang-tse ist ein langer Fluß, und der Wasserspiegel des Jang-tse fiel. Er konnte gerade noch den letzten Dampfer nehmen, der nach Chungking hinauffuhr, und dann konnte bis zum nächsten Frühjahr niemand mehr reisen, außer mit einer Dschunke. Eine solche Reise kam für eine alleinstehende Frau nicht in Frage. Er ging nach Han-Kou und von Han-Kou nach Ichang, hier wechselte er das Schiff und fuhr von Ichang über die Stromschnellen nach Chungking. Aber er war jetzt verzweifelt; er würde kein Risiko mehr eingehen: Es gab einen Ort namens Chentu, Hauptstadt von Sezuan, und er war vierhundert Meilen entfernt. Er konnte nur per Straße erreicht werden, und die Straße wurde von Räubern unsicher gemacht. Dort würde er sicher sein.

Endlich konnte er ausruhen: Mabel würde ihn dort nie finden. Der Konsul war zufällig einer seiner Freunde, und er wohnte bei ihm. Er genoß die Bequemlichkeit eines luxuriösen Hauses, er genoß seine Muße nach der anstrengenden Flucht durch Asien, und vor allem genoß er seine göttliche Sicherheit. Faul vergingen die Wochen, eine nach der anderen.

Eines Morgens waren George und der Konsul auf dem Hof und betrachteten einige Raritäten, die ein Chinese ihnen zur Prüfung gebracht hatte, als laut an das große Tor des Konsulats geklopft wurde. Der Torwächter öffnete es. Eine von vier Kulis getragene Sänfte kam herein, näherte sich und wurde abgesetzt. Mabel stieg heraus. Sie war sauber, kühl und frisch. Nichts in ihrer Erscheinung deutete darauf hin, daß sie eine vierzehntägige Reise über Land hinter sich hatte. George war versteinert. Er war bleich wie der Tod. Sie ging zu ihm.

«Hallo, George, ich hatte solche Angst, daß ich dich wieder verpassen würde.»

«Hallo, Mabel», stammelte er.

Er wußte nicht, was er sagen sollte. Er sah hierhin und dorthin: Sie stand zwischen ihm und dem Ausgang. Sie sah ihn mit lächelnden blauen Augen an.

«Du hast dich überhaupt nicht verändert», sagte sie. «Männer können in sieben Jahren so schrecklich verfallen, und ich fürchtete, du könntest fett und glatzköpfig geworden sein. Ich war so nervös. Es wäre schrecklich gewesen, wenn ich mich nach all den Jahren nicht dazu hätte überwinden können, dich überhaupt noch zu heiraten.»

Sie wandte sich an Georges Gastgeber.

«Sind Sie der Konsul?» fragte sie.

«Das bin ich.»

«In Ordnung. Ich werde ihn heiraten, sobald ich gebadet habe.»

Und sie tat es.

W. SOMERSET MAUGHAM

Ich will mit dem gehen, den ich liebe

Ich will mit dem gehen, den ich liebe.
Ich will nicht ausrechnen, was es kostet.
Ich will nicht nachdenken, ob es gut ist.
Ich will nicht wissen, ob er mich liebt.
Ich will mit ihm gehen, den ich liebe.

BERTOLT BRECHT

Liebeslied

Wie soll ich meine Seele halten, daß
sie nicht an deine rührt? Wie soll ich sie
hinheben über dich zu andern Dingen?
Auch gerne möcht' ich sie bei irgendwas
Verlorenem im Dunkel unterbringen
an einer fremden stillen Stelle, die
nicht weiterschwingt, wenn deine Tiefen
schwingen.
Doch alles, was uns anrührt, dich und mich,
nimmt uns zusammen wie ein Bogenstrich,
der aus zwei Saiten *eine* Stimme zieht.
Auf welches Instrument sind wir gespannt?
Und welcher Geiger hat uns in der Hand?
O süßes Lied.

RAINER MARIA RILKE

Malaiisches Liebeslied

Seit du mich kennst
Kenne ich endlich auch mich

Mein Leib war mir fremder
Als ein ferner Kontinent

Nicht mehr unterschied ich
Osten von Süden

Meine einsame Schulter
War spitz wie ein Fels

Da lehrte mich deine sehende Hand
Wer ich war

Mein Fuß fand seinen Weg
Mein Herz seinen Schlag

Und jetzt liebe ich mich
Wie du mich liebst

YVAN GOLL

Ein Garten der Liebe

Die Ehe ist als ein Garten der Liebe gedacht, den Gott angelegt hat, und der Mensch ist nun darin der Gärtner, der dafür sorgen muß, daß dieses Geschenk auch gedeiht. Er muß darauf achten, daß keine Dürre ihm schadet, das Faulgewordene herausschneiden, das Welke wegfegen und nichts aufkommen lassen, was die Harmonie stören könnte. – Nun sieh auch du zu, daß alles grünt.

HILDEGARD VON BINGEN

Dich

Dich nicht näher denken
und dich nicht weiter denken
dich denken wo du bist
weil du dort wirklich bist

Dich nicht älter denken
und dich nicht jünger denken
nicht größer nicht kleiner
nicht hitziger und nicht kälter

Dich denken und mich nach dir sehnen
dich sehen wollen
und dich liebhaben
so wie du wirklich bist.

ERICH FRIED

Lulu

Der Besucher einer Irrenanstalt sah, wie einer der Insassen auf einem Stuhl saß, sich ständig hin und her wiegte und mit sanfter, zufriedener Stimme wiederholte: «Lulu, Lulu, Lulu.»

«Was hat der Mann für ein Problem?» fragte er den Arzt.

«Lulu. Sie war die Frau, die ihn sitzengelassen hat», antwortete der Doktor.

Als sie die Runde fortsetzten, kamen sie zu einer Gummizelle, deren Bewohner seinen Kopf immer wieder gegen die Wand schlug und stöhnend wiederholte: «Lulu, Lulu, Lulu.»

«Ist Lulu auch das Problem dieses Mannes?» fragte der Besucher.

«Ja», erwiderte der Arzt, «ihn hat Lulu schließlich geheiratet.»

Es gibt eigentlich nur zwei Heimsuchungen im Leben:
nicht zu bekommen, was man sich wünscht,
und das, was man sich wünscht, zu bekommen.

ANTHONY DE MELLO

Bestimmung

Was ist in deiner Seele,
Was ist in meiner Brust,
Daß ich mich dir befehle,
Daß du mich lieben mußt?
Vom Haus, wo ich gewohnt
Und zart behütet bin,
Ziehst du mich wie der Mond
Nachtwandelnd zu dir hin.

RICARDA HUCH

Vergiß nicht, deinem Herzen zu danken

Vergiß nicht,
deinem Herzen zu danken,
gelegentlich, ehe es stillsteht.
Du brauchst deshalb
keine Blumen zu kaufen.
Du schuldest ihm nichts
als dein Leben.
Vergiß nicht,
einmal wenigstens
deinem Herzen zu danken.

Es geht nicht ohne dein Herz,
hörst du,
erkenne die
Unmöglichkeit jeden Alleingangs.

Gerade weil es dir fremd ist,
knüpfe ein Gespräch mit ihm an,
wo auch immer,
unterwegs in der Stadt,
beim Einkaufen,
im Vestibül des Theaters,
und auf dem beschwerlichen Pfad
zum Gipfel.

Es ist schön, im
Gehen mit ihm zu plaudern.
Dein Herz kennt keinen Stillstand.
Es geht mit dir,
auch wenn du atemlos verweilst,

wenn du dich aufgibst und wenn die
andern dich aufgeben,
es gibt dich nicht auf.

Vergiß nicht,
gelegentlich deinem Herzen
zu danken.
Du brauchst deshalb
keine Blumen zu kaufen.
Du schuldest ihm nichts
als dein Leben.

Fühle den Puls,
den Takt deines Lebens,
aus dem dich dein Herz,
auch wenn du gefallen bist,
nicht fallen läßt.

Vergiß nicht,
deinem Herzen zu danken,
gelegentlich einmal,
rechtzeitig,
bevor es stillsteht.

Mehr vermagst du nicht.
Mehr vermagst du nicht für dein Herz.
Weil es dir fremd bleibt,
je besser du's kennenlernst.
Mehr vermagst du nicht.

Dank deinem Herzen.
Welch anderer Fremde hat

zeit deines Lebens
so viel für dich getan?
du vergibst dir nichts,
wenn du ihm dankst,
aber dein Herz vergibt dir
dein Leben, vergibt dir dein Leben.

Das ist schon etwas.

Wie leicht wird es sein,
wenn du ihm nichts schuldest,
am Ende so, wie es dir
nichts schuldig geblieben ist,
ein Leben lang.

Reiner Tisch.
Die Prüfer haben nichts einzuwenden.

FRANZ FASSBIND

Liebt jegliches Ding

Liebt die ganze Schöpfung Gottes,
das gesamte All
wie auch jedes Sandkörnchen.
Jedes Blättchen liebt,
jeden Sonnenstrahl Gottes!
Liebt die Tiere,
liebt die Pflanzen,
liebt jegliches Ding!
Wer jegliches Ding liebt,

wird auch das Geheimnis Gottes
in den Dingen erfassen.
Hat er es einmal erfaßt,
so wird er es auch Tag für Tag
immer mehr erkennen.
Und schließlich wird er die ganze Welt lieben
in ungeteilter, allumfassender Liebe.

FJODOR DOSTOJEWSKIJ

Die Freundschaft ist das edelste Gefühl . . .

Bouillabaisse

500 Gramm Rotbarsch, 500 Gramm Kabeljau, 500 Gramm Seebarsch, 500 Gramm Weißfischfilet, 2 Hummerschwänze, 500 Gramm Muscheln, ½ Deziliter Olivenöl, etwas Weißwein, 2 Eßlöffel feingehackte Zwiebeln, 2 gepreßte Knoblauchzehen, 2 Eßlöffel Tomatenketchup, 1 Lorbeerblatt, je 1 Prise Thymian und Safran, Fenchelsamen, 1 Kaffeelöffel abgeriebene Orangenschale, Salz, Pfeffer, 1 Bund Petersilie, 1 Scheibe Weißbrot pro Person.

Fische – ohne Kopf und Schwanz – in 4 cm breite Streifen schneiden, Muscheln gut gereinigt in den Schalen lassen. Fische, Zwiebeln, Knoblauch dünsten, mit Weißwein ablöschen, mit Wasser auffüllen. Gewürze und Ketchup beigeben, 10 Minuten köcheln lassen, Hummer, Muscheln hinzufügen, nochmals 5 Minuten köcheln lassen. Brotscheiben toasten, in Teller legen, Brühe darübergießen, mit Petersilie bestreuen. Die Fische werden separat angerichtet. Für das Ganze sollte man nicht mehr als eine Viertelstunde Kochzeit aufwenden.

Gedacht für eine Tafel mit 10 geladenen Freunden.

Die Freundschaft ist das edelste Gefühl, dessen ein Menschenherz fähig ist.

CARL HILTY

Ein Freund. Ein Mensch

Ein Freund. Ein Mensch, der mit dir geht, eine Zeitlang denselben Weg. Du bist nicht mehr allein. Zwei Freunde schauen nicht so sehr aufeinander, sie schauen gemeinsam weiter. Sie suchen nicht einander, sie suchen gemeinsam, was jeder braucht. Wer von der Freundschaft alles fordert, verfällt in Eifersucht und Isolierung. Ein echter Freund hilft dir dabei, in deinem Leben das zu verwirklichen, was dein eigenes Leben ist. Darum wird er dich niemals vom wahren Weg deines eigenen Lebens abhalten oder abdrängen. Wirkliche Freunde lassen sich nicht im Stich, weder in guten noch in schlechten Tagen. Sie bleiben einander nahe, in Freud und Leid, in Kraft und Schwäche. Vor Außenstehenden muß man viel verborgen halten, die Außenwelt duldet keinen schwachen Augenblick. Aber die Nähe eines Freundes macht es möglich, ehrlich zu bleiben.

PHIL BOSMANS

Freundschaft

Freundschaft –
ihr Name ist so verbraucht
und im Gebrauch erniedrigt
wie derjenige der Liebe.
Wo aber ein Zustand ihn wirklich verdient,
diesen hohen Namen,
da ist etwas Wunderbares vorhanden:
gemeinsame, unausgesprochene Ahnung,
Übereinstimmung, gleichgerichtetes Streben
oder bisweilen auch Uneinigkeit in Sympathie,
die sich alsbald durch diese Sympathie
belebt, entwickelt
und zu einer höhern Form
des Einverständnisses gelangt.

CARL J. BURCKHARDT

Kostbare Blume Freundschaft

Welch eine kostbare Blume ist die Freundschaft. Ohne sie kann selbst ein starker Mann nicht lange leben. Das Herz muß ein verwandtes vertrautes Herz haben, so ein Waldplätzchen, wo sich's ruhen und liegen und plaudern läßt. Man kann seinen Freund nie genug schätzen, wenn er ein wahrer Freund ist, und nicht schnell genug fliehen, wenn er uns als Freund betrügt. O es gibt falsche Freunde, deren Streben einzig darin besteht, zu verwunden, zu verletzen, zu zerstören! Es gibt Menschen, die nur deshalb so eifrig bemüht sind, unsere Freunde zu scheinen, um uns desto sorgloser und tiefer kränken und schaden zu können. Ich kenne keinen solchen Freund, aber ich kenne sie aus Büchern, deren Sprache gewiß wahr ist, da sie herzlich und verständlich geschrieben sind.

Ich habe einen Freund, ich will ihn nicht nennen. Es genügt, daß ich ihn so sicher den meinigen, ganz den meinigen weiß. Wo gibt es ein Glück, eine Ruhe, ein Genießen, das diesem vergleichbar wäre? Ich kenne keines und keine. Nämlich keine solche Ruhe. Mein Freund denkt gewiß in dieser Stunde an mich, so gewiß, als ich seiner gedenke und erwähne. In seinem Aufsatz spiele ich ebensogut die Hauptrolle, wie er, der Gute, hier in meinem. O solcher Verkehr, solches Bündnis, solches Einverständnis, solches Fassen! Ich fasse es nicht, aber ich lasse es um so ruhiger um mich herum geschehen, als es gut ist und lieb. Wie lieb und gut, kann meine ungeübte Feder nicht ausdrücken. Das sollte ein Schriftsteller von Beruf schreiben, der nähme das anders in die Hand.

Es gibt verschiedene Arten von Freundschaften, wie es verschiedene Arten von Treulosigkeiten gibt. Man soll nicht eines für das andere nehmen. Man soll nachdenken. Die einen wollen uns betrügen und hintergehen, aber sie können nicht, andere wünschen uns ewig treu zu sein und müssen uns verraten, halb wissentlich, halb ohne ihren Willen. Wieder andere verraten uns, um uns zu zeigen, daß wir uns getäuscht haben, wenn wir sie unsere Freunde wähnten. Ich liebe solche Feinde. Sie lehren uns etwas, und sie hinterlassen uns keinen weitern Kummer als die Enttäuschung. Das ist allerdings ein großer Kummer!

Wer möchte nicht einen Freund besitzen, den er zugleich lieben und schätzen kann! Beides, lieben und schätzen, sind für die wahre Freundschaft unentbehrliche Empfindungen.

Man liebt ein Spielzeug, man braucht es nicht zu schätzen. Ja, man liebt Dinge, die man verachtet. Den Freund kann man nicht lieben und zugleich geringschätzen. Das geht nicht, wenigstens nicht nach meinen Empfindungen. Gegenseitige Achtung ist die Erde, in der eine so zarte Pflanze nur wachsen kann. Ich will lieber gehaßt als verachtet sein, lieber nicht geliebt, als so geliebt sein, wie man ist, wenn man zugleich mißachtet wird. Nichts kränkt einen edlen Menschen mehr als Mißachtung. Ein edler Mensch hat nur edle Menschen zu Freunden, und edle Freunde sagen es einem, wenn sie uns nicht mehr zu schätzen vermögen.

Wahre Freundschaft ist demnach eine Schule der schönen und feinen Gesinnung. Und sich in dergleichen üben, ist ein Vergnügen, das über zehn, ja hundert andere Vergnügungen hinausragt. O ich bin voll des Bewußtseins der Süßigkeit edler Freundschaft. Noch eins: Spaßhafte und lächerliche Menschen haben Mühe, sich Freunde zu erwerben. Man traut ihnen nicht, und wenn sie Spötter sind, sind sie auch kein Vertrauen wert.

ROBERT WALSER

Meiner Kindheit liebster Freund

Teddybär, du meiner Kindheit
liebster Freund,
ich weiß noch –
dir konnte man alles sagen,
du hast stets dein ausgefranstes Ohr
mir geliehen und hörtest zu –
gelassen.

Und hast nie geschimpft, wenn
«Schlimmes» ich dir anvertraute.

Auch konnte dein braunes Fell
meine Tränen trocknen –
wie niemand sonst.

Teddybär, weißt du noch,
daß ich nachts nicht schlafen
konnte – ohne dich im Arm.

Teddybär, du meiner Kindheit
bester Freund – wie nötig hätt ich
dich noch heut!

HANS ZELENKA

Freunde

Zwei Männer saßen zusammen. Der eine fragte den andern: «Sind Ihnen die Amerikaner sympathisch?»

«Nein», antwortete der zweite Mann mit Nachdruck.

«Sind Ihnen die Franzosen sympathisch?» wollte der erste wissen.

«Nein», entgegnete der andere mit gleicher Entschiedenheit.

«Die Engländer?»

«Nein.»

«Die Russen?»

«Nein.»

«Die Deutschen?»

«Nein.»

Eine Pause trat ein, der erste Mann hob sein Glas an den Mund und fragte schließlich:
«Wer ist Ihnen denn sympathisch?»
«Meine Freunde», kam ohne Zögern die Antwort.

LOUIS BROMFIELD

Brief eines Afrikaners

Lieber weißer Bruder,
als ich geboren wurde, war ich schwarz,
als ich heranwuchs, war ich schwarz,
wenn ich in die Sonne gehe, bin ich schwarz,
wenn ich krank bin, bin ich schwarz,
wenn ich sterbe, werde ich schwarz sein.

Während du, weißer Mann,
als du geboren wurdest, warst du rosa,
als du heranwuchsest, warst du weiß,
wenn du an die Sonne gehst, bist du rot,
wenn du frierst, bist du blau,
wenn du Angst hast, bist du grün,
wenn du krank bist, bist du gelb,
wenn du stirbst, wirst du grau sein.

Und nach all dem! –
Hast du die Frechheit,
mich einen Farbigen zu nennen!

GEDICHT EINES UNBEKANNTEN
AN EINE FRANZÖSISCHE ZEITUNG

Der Abschied

Es ist halt schön,
wenn wir die Freunde kommen sehn.
Schön ist es ferner, wenn sie bleiben
und sich mit uns die Zeit vertreiben.
Doch wenn sie schließlich wieder gehn,
ist's auch ganz schön . . .

WILHELM BUSCH

43

Komm, Trost der Welt . . .

Minestrone

200 Gramm dicke Bohnen, 200 Gramm Wirsing oder Weißkohl, 50 Gramm frische Steinpilze, 200 Gramm Tomaten, 300 Gramm Auberginen, 200 Gramm Zucchini, 1 feingehackte kleine Zwiebel, 1 Knoblauchzehe gepreßt, 1½ Liter Gemüsebrühe, etwas Weißwein, Pfeffer, Salz, 100 Gramm Teigwaren, frisches Basilikum.

Die Bohnen über Nacht wässern, am nächsten Tag 30 Minuten kochen. Wasser abgießen. Wirsing oder Weißkraut in Streifen schneiden, Pilze scheibeln. Abgezogene Tomaten würfeln, ebenso Zucchini und Auberginen. Gemüse und Bohnen dünsten, mit Weißwein ablöschen und mit Gemüsebrühe auffüllen. 10 Minuten köcheln lassen, dann die Teigwaren dazugeben und kochen lassen, bis diese al dente sind. Würzen und mit in Streifen geschnittenem Basilikum anrichten.

Vier trostbedürftige Mägen werden davon satt.

Komm, Trost der Welt

Komm, Trost der Welt, du stille Nacht!
Wie steigst du von den Bergen sacht,
Die Lüfte alle schlafen,
Ein Schiffer nur noch, wandermüd,
Singt übers Meer sein Abendlied
Zu Gottes Lob im Hafen.

Die Jahre wie die Wolken gehn
Und lassen mich hier einsam stehn,
Die Welt hat mich vergessen,
Da tratst du wunderbar zu mir,
Wenn ich beim Waldesrauschen hier
Gedankenvoll gesessen.

O Trost der Welt, du stille Nacht!
Der Tag hat mich so müd gemacht,
Das weite Meer schon dunkelt,
Laß ausruhn mich von Lust und Not,
Bis daß das ewge Morgenrot
Den stillen Wald durchfunkelt.

JOSEPH VON EICHENDORFF

46

Trost bei Penelope

Penelope betrachtete ihren Heimgekehrten unter ihren dunklen, zusammengewachsenen Brauen mit einem Lächeln aus leichtem Spott und sehr viel Liebe. Sie zog ihn enger an sich, wiegte ihn ein bißchen hin und her wie Kinder, die man tröstet und einschläfert, und gab beschwichtigende Lullgeräusche von sich. Und weil dies für eine Frau und Gattin zumal recht angenehm und befriedigend ist, weinte sie selbst auch ein wenig. Es war still im Raum und warm unter der Decke, und die beiden vermischten ihre Tränen.

Für Odysseus war dieses Weinen eine lange nicht gegönnte Erleichterung und Wollust. Natürlich hatte er – besonders in den letzten zehn Jahren – viel geweint. Aber es war kein angenehmes Weinen gewesen. Es war ein Weinen des Jammers, wenn er zuschauen mußte, wie seine Gefährten, einer nach dem anderen, verkamen, zwar meist durch eigene Dummheit, aber immerhin. Ein Weinen der Angst war es, wenn er sich den Elementen ausgesetzt fühlte und dem erbarmungslosen Wüten eines Gottes. Ein Weinen der Verzweiflung darüber, daß die Plagen kein Ende finden wollten. Natürlich hatte er auch in den Armen Kirkes und Kalypsos geweint, aber das war nichts Rechtes gewesen. Sie hatten es zwar nicht fehlen lassen an Beschwichtigungen, aber diese hatten etwas Beiläufiges gehabt, etwas, das man hinter sich bringen mußte, um zum Eigentlichen zu kommen.

Bei seiner Penelope war das ganz etwas anderes. Sie dachte nicht ans «Hintersichbringen». Sie verstand und würdigte seinen Drang zum Weinen und ließ zu, daß er ihn mit voller Hingabe auslebte, indem sie sein Weinen selbst mit reichlichen Tränen begleitete, wobei sie ihn noch mit

47

jenen lang entbehrten, unnachahmlichen Trostgebärden verwöhnte, die einer Frau zur Verfügung stehen, die im Manne nicht ausschließlich den Starken, den Geliebten sieht, sondern auch das Kind, das einen Schoß zum Ausweinen braucht und dem ein solcher Schoß geboten werden muß, damit es nicht durch hinuntergefressenes Elend seine Lebensfreude vergiftet.

Als sich Odysseus so recht erquickend ausweinte an den weichen, nicht mehr ganz straffen Brüsten seiner guten Penelope und sie ihn wacker dabei unterstützte, da kam es ihm erst deutlich in den Sinn, wie ihm mitgespielt worden war all die Jahre hin seit der jauchzenden Ausfahrt aus Ithakas Hafen nach Aulis zur großen, pfauenradschlagenden Männerversammlung; es wurde ihm auch recht deutlich, wie wenige von all denen, die damals ausgefahren waren, zurückgekehrt und für wie wenige die Rückkehr dann auch eine Heimkehr war. Es erhöhte nicht wenig die Lust und Wohltat dieser Tränen das Wissen darüber – nur sprach er davon nicht –, das Wissen, was für ein Glück er gehabt hatte mit dieser seiner Penelope. Wenn er an die anderen dachte: Diomedes, Idomeneus und gar Agamemnon!

«Weißt du, Penelope», fing er an, noch mit tränenerstickter Stimme, während sie ihm mit einem feinen Tuch die Wangen trocknete und ihn sich auch hineinschneuzen ließ.

Dann kam er groß ins Erzählen.

INGE MERKEL

Und es kommt ein andrer Tag

Tröste dich, die Stunden eilen,
Und was all dich drücken mag,
Auch das Schlimmste
kann nicht weilen,
Und es kommt ein andrer Tag.

In dem ewgen Kommen, Schwinden,
Wie der Schmerz liegt auch das Glück,
Und auch heitre Bilder finden
Ihren Weg zu dir zurück.

Harre, hoffe. Nicht vergebens
Zählest du der Stunden Schlag:
Wechsel ist das Los des Lebens,
Und es kommt ein andrer Tag.

THEODOR FONTANE

Das Problem

Ich habe auch ein Problem. Wie es auf mich kam, weiß ich nicht, wahrscheinlich hat es sich allmählich gebildet, oder jemand hat es, während ich schlief, auf mich abgewälzt – ich weiß wenig über Herkunft, Genese und Zusammensetzung von Problemen, jedenfalls ist es schon länger her. Wie auch immer: mein Problem ist inzwischen ziemlich groß geworden, ja, überlebensgroß (als ob das Leben nicht schon groß genug und das Überleben überhaupt noch zu bewältigen wäre!). Es handelt sich, wie Du Dir vorstellen kannst, um ein *echtes* Problem: mit Minderem würde ich mich niemals abgeben. Es ist ein ziemlich kompliziertes Problem, und meine Freunde, oder zumindest die wohlmeinenden unter ihnen, raten mir, es zu lösen. Aber dazu kann ich mich nicht recht entschließen, ich habe mich an es gewöhnt. Manchmal frage ich mich: Was wäre ich ohne mein Problem, bleibe mir freilich die Antwort schuldig. Gewiß aber wäre ich nicht derselbe, womit ich nicht etwa sagen möchte, daß ich darauf bestehe, immer derselbe zu sein. Wenn Dich mein Problem interessiert, lieber Max, was ich jedoch für wenig wahrscheinlich halte, kann ich es Dir gern einmal leihweise überlassen. Oder hast Du etwa ein eigenes? Dann möchte ich Dich natürlich nicht zusätzlich belasten, denn ich weiß, wie anstrengend und zeitraubend und enervierend so ein rechtes Problem sein kann. Zudem glaube ich, aber da mag ich mich irren, daß Probleme so schwer übertragbar sind wie Identitätskarten, Identitätskrisen oder hermetische Texte oder Schwangerschaften oder Komplexe, Neurosen, Psychosen und Skabiosen, wobei ich bei dem letzteren nicht sicher bin, ob es sich um eine psychische Störung, ein Hautleiden oder einen Käfer handelt, in welch letzterem Falle sie natürlich *doch* übertragbar wäre, aber das ist in diesem Fall natürlich gleichgültig. Ich bin sicher, Du verstehst, was ich meine.

Eine Neurose habe ich natürlich auch. Keine Zwangsneurose, sondern eine freiwillige. Sie ist verhältnismäßig leicht zu züchten, beinah noch leichter als eine Rose, weil sie wetterunabhängiger und jahreszeitlich ungebunden ist. Ein einziges Wunschtrauma genügt schon als Ausgangspunkt. Verdränge es, und alsbald vollzieht sich alles von selbst. Schon erwacht Deine Libido, frisch wie am ersten Tag, und stellt sich auf Deine Bezugsperson ein, die es sofort auf das

Über-Ich – oder ist es *den* Überich? – abwälzt, ohne daß Du den geringsten Objektverlust erleidest. Du mußt nur rechtzeitig beginnen, Deine Aggressionen zu sublimieren – wozu ich Dir ohnehin raten würde –, so daß das *Es* alles wie hinter einer Schallmauer – nicht zu verwechseln mit einer Schandmauer – mithört. Dann aber – so rate ich Dir – gib's ihm gehörig. Denn eine solche Gelegenheit bietet sich selten im Leben – allerdings, wenn überhaupt, dann ausschließlich im Leben.

WOLFGANG HILDESHEIMER

Nachtgesang

In Tsegihi,
im Haus erbaut aus Morgendämmerung,
im Haus erbaut aus Abendlicht,
im Haus erbaut aus Regen,
im Haus erbaut aus dichtem Nebel,
im Haus erbaut aus fruchtbringendem Pollen,
im Haus erbaut aus Grashüpfern,
wo Wolkendunkel die Tür verhüllt,
wo auf dem Regenbogen
der Weg zu dir führt,
wo die Zickzackspur
des Blitzes hoch oben steht,
o Gottheit!
In deinen Mokassins aus dunkler Wolke
komm zu uns,
begleitet vom Donner über dir,
komm zu uns,
Regenwolken unter den Füßen,

den Regenbogen über dir,
komm zu uns,
umleuchtet vom Zucken der Blitze.
Ich habe ein Opfer für dich bereitet,
ich bringe dir
den Rauch meines Feuers dar.
Gib meinen Füßen neue Kraft.
Gib meinen Beinen neue Kraft.
Gib meinem Körper neue Kraft.
Erneuere meinen Geist.
Nimm die Krankheit von mir.
Du hast sie von mir genommen,
weit weg von mir hast du sie genommen.
Voll Freude spüre ich
wie meine Kraft zurückkehrt,
meine Augen sind nicht mehr trüb,
mein Kopf ist klar,
ich kann meine Glieder wieder gebrauchen.
Du hast die Krankheit von mir genommen.
Ich kann wieder gehen.
Möge ich ohne Schmerzen wandern.
Möge ich glücklich wandern.
Wie es früher war, möge ich wandern.
Möge ich freudig wandern
unter der Regenwolke.
Möge ich freudig wandern
im kühlenden Regen.
Möge ich freudig wandern
inmitten grünender Pflanzen.
Möge ich freudig wandern
auf dem Pfad der lebensspendenden Pollen.
Möge ich voll Freude wandern.

Wie früher möge ich wandern.
Schönheit sei vor mir.
Schönheit sei hinter mir.
Schönheit sei unter mir.
Schönheit sei über mir.
Schönheit sei um mich.
In Schönheit ist es vollendet.

ZEREMONIALGESANG DER NAVAJO

Das Sorgenheft

Man möchte gerne seinem Nebenmenschen ein Olivenzweiglein anbieten, das ihn mit dem Leben versöhne. Eines der Vorurteile, die am schwierigsten auszurotten sind, besteht in dem hartnäckigen Widerstand, zuzugeben, daß das Leben auch eine lichte Seite hat, in der systematischen Verneinung von allem, was die Sonne bei ihrem täglichen Aufgang mit sich bringt. Da uns das Leben nicht alles gibt, was wir verlangen, so erklären wir ohne weiteres, daß es uns gar nichts gibt.

Dieser Kriegszustand kehrt sich gewöhnlich ganz gegen uns selbst. Nein, niemals! Es ist ja allbekannt, daß die Erde weiter nichts ist als ein blutiges Schlachtfeld, das Leben ein Jammertal, das Zusammenleben eine Falle, die Freundschaft ein Traum, die Kinder Sorgen und Dornen! Außerdem trägt jeder von uns eine besondere Qual in sich, jenen nagenden Wurm, jenen Schmerz, der nicht auf der Stirne geschrieben steht, der aber im Innern zehrt.

Jedesmal, wenn ich einem Freunde sage: «Du bist glücklich», habe ich sofort die Empfindung, daß ich ihm etwas Unangenehmes und Unsympathisches gesagt habe. Fast alle haben energisch und empört Protest erhoben, und um ihn zu rechtfertigen, bekam ich unzählige Vertrauensergüsse zu hören. Kummer und Sorgen in langer Reihe ineinander verkettet. Hie und da fiel auch eine Hülle oder wurden schwere Gardinen zurückgezogen, und vor meinem erstaunten Blicke erschienen ganz unerwartete Bilder. Um der schweren Beschuldigung zu entgehen: «Du bist glücklich!», haben mir einige Leute tiefe, schwere Geheimnisse anvertraut. Nicht einer hat die Waffen gestreckt, keiner hat sich ergeben, niemand hat zugegeben, glücklich zu sein, und alle haben immer tapfer gekämpft, um ihr Unglück zu beweisen. Meinen schüchternen Trostversuchen gegenüber haben sie zweifellos festgestellt, daß sie keineswegs gesinnt seien, auf ihr gutes Recht, sich unglücklich zu fühlen, verzichten zu wollen.

Ich erinnere mich eines siebenjährigen Mädchens, das munter mit einem schönen Balle spielte. Der Vater folgte ihr aufmerksam mit den Blicken und sagte plötzlich, mit leichtem Seufzer: «Seliges Alter! Wie glücklich bist du, mein Kind!»

Die Kleine schnellte stolz empor, ließ ihr Spielzeug liegen und rief:

«Das ist durchaus nicht wahr. Ich habe eine ganze Menge Sorgen!» – «Sorgen?» unterbrach sie der Vater, über die seltsame Antwort lachend, «was für Sorgen?»

«Das weiß ich nicht mehr! Ich habe sie vergessen, aber es ist trotzdem wahr, daß ich sie habe! Und von heute an schreibe ich sie mir auf, um sie nie mehr zu vergessen.» Und sie kaufte sich sofort ein kleines Heft, schrieb als Titel: «Meine Sorgen» auf das erste Blatt und war eifrig bemüht, tagtäglich wenigstens einen Schmerz oder eine Sorge zu haben, die sie in ihrer unfertigen Kinderhandschrift, mit allerlei Fehlern und Schnörkeln hineinschrieb, um sie ja nicht mehr zu vergessen.

Ich habe diese kleine Geschichte ausgegraben als Beweis dafür, wie früh im Leben die Leidenschaft erwacht, unserer Schmerzen zu gedenken in liebevoller Pflege. Doch liegt es mir dabei sehr fern, die echten, großen, wahren Schmerzen zu verkennen und wirkliche, tiefe Trauer: Familienunglück, allzu früher Tod, grausame Krankheiten, traurige Verunstaltungen, Erlebnisse, die Glück und Ehre vernichten. Von derlei tiefen Wunden zu reden, gehört nicht hierher und liegt auch nicht in meiner Absicht. In gewissen unerbittlichen und trostlosen Fällen bleibt nur noch die Hoffnung auf die Macht der Seele selber, die größer ist als der tiefste Schmerz und deren Kraft in ewigen, übernatürlichen Quellen ihren Ursprung hat. Menschlichen Trost wagen wir nicht zu bieten. Nur unser Verständnis und unsere Liebe können wir bieten, unser Mitleid und unsere Freundschaft, jene «Blume, die in der Wüste tröstet» – denn große Schmerzen kann man nur stillschweigend ehren, vermindern kann man sie nicht.

Menschen, deren Herz von einem großen Schmerz zerrissen wurde, sind die einzigen, die zu trösten wissen und die den Schmerz anderer verstehen. Nie werden ihnen jene Worte auf die Lippen kommen, mit denen der Egoist sofort versucht, sich dem Leiden anderer Menschen zu entziehen: «Nun, alles in allem ist mein Unglück immerhin größer als das deinige!»

Sie sind wie die Ölbäume, die blassen, farblosen. Ihr Stamm windet sich wie im Schmerz verkrümmt, gespaltet und verkrampft; sie tragen harte, unansehnliche, aschfarbene Blätter und kleine, häßliche, bräunliche Früchte, und nie würde man es für möglich halten, daß gerade aus diesen so peinvoll verkrümmten Bäumen ein so linder Saft entquillt, so wohltuend, besänftigend und goldklar! Die Welt ist voller Wunderbalsam jeder Art, welcher alle Krankheiten unfehlbar heilt.

LAURETTA REUSI-PETRUCCHI

Wenn ich einen grünen Zweig im Herzen trage,
wird sich ein Singvogel darauf niederlassen.

CHINESISCHES SPRICHWORT

Gegen Kummer und Kränkung

Heute nacht rief ich mir mein dreifaches Rezept gegen Kummer und Kränkungen ins Gedächtnis: 1. Daran denken, wie unwichtig das alles nach zehn, zwanzig Jahren sein wird, wie ja auch das unwichtig geworden ist, was einen vor zehn, zwanzig Jahren gequält hat. 2. Sich erinnern, was man selbst getan hat und was nicht besser war als das, was einen jetzt betrübt. 3. An hundertmal Schlimmeres denken, das auch hätte kommen können. Man kann noch hinzufügen, daß man sich in die Lage der Person versetzen soll, von der man gekränkt wurde, und begreifen, daß sie nicht anders handeln konnte. Das Beste und Unwiderleglichste aber ist, wenn man sich sagt: Nicht mein, sondern dein Wille geschehe! Es sei nicht so, wie ich will, sondern wie du willst, und es geschehe nicht, was ich will, sondern was du willst. Meine Aufgabe ist es, in den Verhältnissen, in die du mich gestellt hast, deinen Willen zu erfüllen. Auch daran denken, daß, wenn es schwerfällt, darin eben die Aufgabe besteht. Eine Gelegenheit, die sich nicht noch einmal bietet: Du kannst das Glück haben, zu tun, was Er will. Vater hilf, daß ich deinen, nur deinen Willen tue!

LEO TOLSTOI

Die Zeit

Scheint dir auch mal das Leben rauh,
Sei still und zage nicht;
Die Zeit, die alte Bügelfrau,
Macht alles wieder schlicht.

WILHELM BUSCH

Ablehnung auf chinesisch

Ein chinesischer Verlag schickt einem Autor sein unverlangt eingesandtes Manuskript zurück. Der Brief lautete:

«Wir haben Ihr Manuskript mit besonderem Genuß gelesen. Wir fürchten jedoch, sollten wir Ihre hervorragende Arbeit veröffentlichen, daß wir in Zukunft nicht mehr die Möglichkeit hätten, eine andere Arbeit, die nicht diesen von Ihnen gesetzten Standard erreicht, herausbringen zu können. Und wir können uns nicht vorstellen, wie in den nächsten hundert Jahren ein anderes Werk dem Ihren gleichkommen könnte. So sind wir zu unserem tiefsten Bedauern gezwungen, Ihr außerordentliches Essay zurückzuschicken. Zugleich bitten wir Sie tausendmal um Entschuldigung für unsere Kurzsichtigkeit und Ängstlichkeit.»

57

Siegen

Es kommt der Schmerz gegangen
und streicht mir über die Wangen
wie seinem liebsten Kind.
Da tönt mein' Stimm' gebrochen.
Doch meines Herzens Pochen
verzagt nicht so geschwind.

Und da gäb die böse Stunde
noch gerner von sich Kunde;
mein Herz ist fromm und fest.
Ich bin ein guter Helde;
mein Lachen zieht zu Felde,
und Siegen ist der Rest.

CHRISTIAN MORGENSTERN

Der zu enge Heiligenschein

Ein Mann kam zu einem Arzt und sagte: «Doktor, ich habe wahnsinnige Kopfschmerzen, die ich nie loswerde. Könnten Sie mir nicht etwas dagegen geben?»

«Durchaus», sagte der Arzt, «aber zunächst möchte ich einige Dinge abklären. Sagen Sie, trinken Sie viel Alkohol?»

«Alkohol?» erwiderte der Mann empört. «Dieses widerliche Zeug rühre ich nicht an.»

«Wie steht's mit dem Rauchen?»

«Ich finde Rauchen ekelhaft. Nie in meinem Leben habe ich Tabak auch nur angefaßt.»

«Es ist mir etwas peinlich, diese Frage zu stellen, aber Sie kennen ja die Männer ... treiben Sie sich nachts herum?»

«Natürlich nicht. Für wen halten Sie mich? Ich bin jeden Abend spätestens um zehn Uhr im Bett.»

«Sagen Sie», fragt der Arzt, «ist dieses Kopfweh, von dem Sie sprechen, ein scharfer, stechender Schmerz?»

«Ja, das ist es – ein scharfer, stechender Schmerz.»

«Ganz einfach, mein Lieber! Ihr Problem liegt darin, daß Ihr Heiligenschein zu stramm sitzt. Wir brauchen ihn nur etwas zu lockern.»

ANTHONY DE MELLO

Daß die Vögel der Sorge und des Kummers über deinem Haupt fliegen, kannst du nicht hindern. Doch kannst du verhindern, daß sie Nester in deinem Haar bauen.

CHINESISCHES SPRICHWORT

Trost für den Herrn Schwiegervater

Wir müssen planen, wir müssen ernsthaft nachdenken, wir müssen die Gewichte, nicht zu leicht, nicht zu schwer, genau verteilen, die Geschmäcker weise variieren; wir müssen für Abwechslung und solides Magenvergnügen sorgen. Großes gilt es zu erreichen! Es gilt die Gunst des Schwiegervaters zu gewinnen, den Groll, daß ich ihm die Tochter nahm, zu beschwichtigen; es gilt, ihm beizubringen, daß ich kein Strauchdieb, kein böser Räuber bin, sondern ganz passabel und seiner Tochter von Herzen angenehm.

Wie wäre es, wenn wir mit *Bouchées,* diese aber ganz leicht, ganz klein herausgebacken, begännen. Gefüllt wären sie mit einem Püree aus passiertem Kalbshirn, gewürzt mit einer ebenfalls passierten schwarzen Trüffel, wenig trockenem Sherry und einer Spur Pfeffermühle.

Wiebke, mein Weib, ist einverstanden, meint auch, daß dieser «Mundbissen» selbst ihrem Papa, den die zarterlesene Kochkunst der Mama durch die Jahre ganz hübsch verwöhnt hat, zusagt, ihn überrascht und versöhnlich stimmt.

Eine *legierte Schildkrötensuppe* sollte sein Behagen weiter fördern, sollte sein Knurren besänftigen und ihn mir geneigt machen. – Pro Tasse rechnen wir ein Eigelb und zwei Löffel süßen Rahm, die gut verquirlt werden. Die Schildkrötensuppe lasse ich aufkochen, rühre vorsichtig (damit's legiert, doch nicht gerinnt) Eigelb und Sahne ein und gebe einen Schuß trockenen Mosel dazu. Eine Spur Pfeffermühle unterstreicht den Geschmack, ein wenig gehackter Dill hebt das sanfte Gelb der Suppe.

EUGEN SKASA-WEISS

Lied von der Mockturtle-Suppe

Herrliche Suppe, dunkel und dick,
In der Terrine erquickst du den Blick!
Würzig bist du, pikant und labend,
Schönste Freude bist du am Abend!
Abendsuppe, herrliche Suppe
Abendsuppe, herrliche Suppe!
  He-herrliche Su-uppe!
  He-herrliche Su-uppe!
A-abendsu-uppe,
  Herrliche, herrliche Suppe!

Herrliche Suppe! Stehst du auf dem Tisch,
Wer will da noch Braten, Gemüse und Fisch?
Ist alles andre nicht ganz und gar schnuppe,
Wenn's gibt diese herrliche, herrliche Suppe?
Verglichen mit dieser herrlichen Suppe?
  He-herrliche Su-uppe!
  He-herrliche Su-uppe!
A-abendsu-uppe,
  Herrliche, herrliche SUPPE!

LEWIS CARROLL

Geh aus, mein Herz,
und suche Freud . . .

Russischer Borschtsch

750 Gramm Rindfleisch in 3 Liter Wasser gar kochen. 3 Kartoffeln, 400 Gramm Wirsing oder Weißkohl kleingeschnitten dazugeben. 2 gekochte rote Rüben schälen, fein hacken und mit 2 Löffel Essig und 2 Löffel Sonnenblumenöl vermischt schmoren. 2 kleine Büchsen Tomatenmark und 1 Eßlöffel Zucker hineinrühren, in die Fleischbrühe geben. Mit feingehackter Petersilie, einem Lorbeerblatt und Salz würzen. Eine feingehackte Zwiebel und drei geriebene gelbe Rüben werden am Schluß in Sonnenblumenöl angebraten, mit einem Teelöffel Mehl überstäubt und zu dem Borschtsch gegeben. Zum Anrichten wird das Fleisch herausgenommen, in Portionenstücke geschnitten, in jeden Teller 1 Eßlöffel saurer Rahm gegeben und dann die Suppe darübergegossen.

Für vier fröhliche Essser gedacht.

Geh aus mein Herz

Geh aus, mein Herz, und suche Freud,
in dieser lieben Sommerzeit
an deines Gottes Gaben!
Schau an der schönen Gärten Zier
und siehe, wie sie mir und dir
sich ausgeschmücket haben!

Die Bäume stehen voller Laub,
Das Erdreich decket seinen Staub
Mit einem grünen Kleide;
Narzissen und die Tulipan,
die ziehen sich viel schöner an
als Salomonis Seide.

Die Lerche schwingt sich in die Luft,
Das Täublein fleugt aus seiner Kluft
und macht sich in die Wälder;
die hochbegabte Nachtigall
ergötzt und füllt mit ihrem Schall
Berg, Hügel, Tal und Felder.

PAUL GERHARDT

Es gibt alle Tage etwas, das mich freut

In dieser Werkeltagswelt kann man freilich nicht alles beisammen haben, und jeder muß schon mit seinem Los zufrieden sein, denn mit Murren und Knurren bringt's niemand um ein Haar weiter, und das Schicksal dreht seine Maschine, ob wir lachen oder weinen. Darum wollen wir's mit unserem bißchen Leben auch noch ganz gut betreiben und uns ohne die größte Not keinen trüben Tag machen.

Es gibt noch viele Freuden in unseres lieben Herrgotts seiner Welt! Nur muß man sich auf Suchen verstehen – sie finden sich gewiß – und das Kleine ja nicht verschmähen. Wie viele Freuden werden zertreten, weil die Menschen meist nur in die Höhe gucken, und was zu ihren Füßen liegt, nicht achten.

Ich freue mich des Lebens, weil noch das Lämpchen glüht, suche keine Dornen, hasche die kleinen Freuden, sind die Türen niedrig, so bücke ich mich, kann ich den Stein aus dem Wege tun, so tue ich's, ist er zu schwer, so gehe ich um ihn herum, und so finde ich alle Tage etwas, das mich freut.

FRAU RATH GOETHE

Anti-Streß-Strategien

Selbstorganisation und Planung

- Zeiteinteilung
  Setzen Sie Prioritäten: Was ist dringend? Was kann warten?
- Arbeitstechnik
  Eins nach dem andern.

- Lernen Sie «nein» sagen
  Lehnen Sie eine Aufgabe ab, delegieren Sie sie. Das gilt auch im Privatleben: Entscheiden Sie sich für die Badewanne anstatt für das Kino.
- Lebensführung
  Bewußte Eß- und Trinkgewohnheiten, ausgeglichene Ernährung und ein regelmäßiger Schlaf-Wach-Rhythmus wirken gegen Streß.

Soziales Verhalten

- Zeigen Sie Ihre Gefühle.
  Lachen und Weinen wirken entspannend.
- Ärger nicht runterschlucken.
  Versuchen Sie, einen Konflikt auszutragen.
- Setzen Sie sich durch.
  Vertreten Sie ihre Ziele und Ansichten. Das fördert das Selbstwertgefühl.
- Toleranz wirkt entspannend.
  Seien Sie flexibel.
- Verantwortung
  stärkt das Selbstbewußtsein.
- Tun Sie sich etwas zuliebe.
  Das ist Selbstschutz und es macht stark.

Aktive Prophylaxe

- Entspannen Sie sich regelmäßig.
  Das hilft, schwierige Situationen ohne Streß zu meistern.
- Think pink – positiv denken.
  So macht das Leben mehr Spaß.
- Planen Sie Highlights.
  Verzichten Sie nicht auf Dinge oder Ereignisse, die Ihnen wirklich Freude bereiten.

Du aber sei froh

So muß man überall bemerken, daß es Verdrießlichkeiten gibt in dieser Welt und daß überall gestorben wird. Du aber sei froh. Du stehst noch da, wie selbstverständlich, auf deiner angestammten Erde. Und wenn du dann dahinwandelst, umbraust von den ahnungsvollen Stürmen des Frühlings, und deine Seele schwillt mutig auf, als solltest du ewig leben; wenn dich der wonnige Sommer umblüht und die liebevollen Vöglein in allen Zweigen singen; wenn deine Hand im goldenen Herbst die wallenden Ähren streift; wenn zur hellglänzenden Winterzeit dein Fuß über blitzende Diamanten knistert, hoch über dir die segensreiche Sonne oder der unendliche Nachthimmel voll winkender Sterne – und doch, durch all die Herrlichkeiten hindurch, allgegenwärtig, ein feiner, peinlicher Duft, ein leiser, zitternder Ton –, und wenn du dann nicht so was wie ein heiliger Franziskus bist, sondern wenn du wohlgemut nach Hause gehst zum gutgekochten Abendschmaus und zwinkerst deiner reizenden Nachbarin zu und kannst schäkern und lustig sein, als ob sonst nichts los wäre, dann darf man dich wohl einen recht natürlichen und unbefangenen Humoristen nennen.

WILHELM BUSCH

Sieh, das ist Lebenskunst

Sieh, das ist Lebenskunst:
Vom schweren Wahn
des Lebens
sich befrein,
fein hinzulächeln
übers große Muß.

CHRISTIAN MORGENSTERN

Gute Laune ist ein Schatz

Die Kunst zu leben ist viel zuwenig bekannt. Eines ihrer Geheimnisse besteht darin, sich seinen schlechten Launen gegenüber gleichgültig zu verhalten, sie einfach gar nicht zu beachten.

Die schlechte Laune nistet sich ein, weil man ihr Gelegenheit gibt, sich immer neu an sich selbst anzustecken.

Die gute Laune ist dagegen ein Schatz, den anzugreifen das Kapital vermehrt. Man kann ihn überall ausstreuen, überall schlägt er Wurzeln und treibt Blüten.

ALAIN

Bajazzo

Seltsam sind des Glückes Launen,
Wie kein Hirn sie noch ersann,
Daß ich meist vor lauter Staunen
Lachen nicht noch weinen kann!

Aber freilich steht auf festen
Füßen selbst der Himmel kaum,
Drum schlägt auch der Mensch am besten
Täglich seinen Purzelbaum.

Wem die Beine noch geschmeidig,
Noch die Arme schmiegsam sind
Den stimmt Unheil auch so freudig,
Daß er's innig lieb gewinnt!

FRANK WEDEKIND

Freude

Zeit für Freude sollten Sie sich immer nehmen; diese hegen und pflegen und voll auskosten. Freude kann herausheben aus Alltagsbeschwerlichkeiten, aus inneren Verstimmungen. Jeder braucht Freude wie die Luft zum Atmen. Aus der Freude wächst die Kraft, jedem Tag einen neuen Inhalt zu geben, über mancherlei Belastungen hinwegzukommen.

So wird der Mut zum Leben neu entfacht.

Dankbarkeit, Hoffnung, Liebe werden spürbar. Freude kann ansteckend wirken. Ich meine damit nicht «keep-smiling» oder lärmendes Gelächter. Echte Freude hat in der Stille ihr Zuhause. Solche Freude prägt die Persönlichkeit, gibt einem Gesicht Glanz von innen.

KARL KONRADIN LANG

Willst du glücklich sein

Willst du eine Stunde glücklich sein,
dann betrinke dich!
Willst du drei Tage glücklich sein,
dann heirate!
Willst du eine Woche glücklich sein,
dann schlachte ein Schwein!
Willst du ein Leben lang glücklich sein,
dann werde Gärtner!

CHINESISCHER SPRUCH

Die einfachen Augenblicke

Es ist gut, sich davon zu überzeugen, daß das Beneidenswerteste am Glück die einfachsten Augenblicke sind.

Gewöhnlich ist es nicht das Glück, das uns fehlt, sondern das Wissen, was Glück ist. Glücklich sein, das ist, die Ungeduld nach dem Glück hinter sich haben.

Der glücklichste unter den Menschen ist der, welcher sein Glück am besten kennt und am tiefsten davon durchdrungen ist, daß das Glück vom Unglück nur durch einen hohen, unermüdlichen, menschlichen und mutigen Gedanken getrennt ist.

Fröhlich sein heißt nicht immer glücklich sein, und glücklich sein heißt nicht immer fröhlich sein. Nur das kleine Glück des Augenblicks lächelt und schließt die Augen, während es lächelt. Aber auf einer gewissen Höhe ist das dauernde Glück ebenso ernst wie eine edle Trübsal.

Man kann einen sehr mächtigen und sehr hohen Verstand besitzen und nie dem Glück nahegekommen sein. Aber man kann nicht eine sanfte, reine und gute Seele haben und nichts anderes kennen als das Unglück.

Es ist also wahr, daß Glück und Unglück, selbst wenn sie von außen kommen, nur in uns selbst bestehen. Alles, was uns umgibt, wird zum Engel oder Teufel, je nach dem Zustand unseres Herzens.

Es ist viel weniger wichtig, sein Leben umzuformen, als es wahrzunehmen, denn es formt sich von selbst um, sobald man es gesehen hat.

Man sollte leben, als ob man stets am Vorabend der großen Entscheidung stünde.

MAURICE MAETERLINCK

Glück

Glück ist gar nicht mal so selten,
Glück wird überall beschert,
Vieles kann als Glück uns gelten,
was das Leben uns so lehrt.

Glück ist jeder neue Morgen,
Glück ist bunte Blumenpracht,
Glück sind Tage ohne Sorgen,
Glück ist, wenn man fröhlich lacht.

Glück ist Regen, wenn es heiß ist,
Glück ist Sonne nach dem Guß,
Glück ist, wenn ein Kind ein Eis ißt,
Glück ist auch ein lieber Gruß.

Glück ist Wärme, wenn es kalt ist,
Glück ist weißer Meeresstrand,
Glück ist Ruhe, die im Wald ist,
Glück ist eines Freundes Hand.

Glück ist eine stille Stunde,
Glück ist auch ein gutes Buch,
Glück ist Spaß in froher Runde,
Glück ist freundlicher Besuch.

Glück ist niemals ortsgebunden,
Glück kennt keine Jahreszeit,
Glück hat immer der gefunden,
der sich seines Lebens freut.

CLEMENS BRENTANO

Interview mit dem Hundertjährigen

«Ist Papa daheim?» fragte ich das alte Männchen, das öffnete. Er nickte und geleitete mich in ein Kämmerlein, in welchem ein noch älteres Männchen saß, das schon beinahe tot war. Erregt riß ich ein Sprachrohr von der Wand und brüllte ihm ins Ohr: «Herzlichen Glückwunsch!»

«Sie irren sich», sagte der alte Mann mit matter Stimme, «Papa ist oben.»

Ich stürzte die Treppe hinauf, denn ich erkannte, daß es jetzt nur eine Frage von Sekunden war. Dort hing der Hundertjährige in den Ringen: Er war gerade dabei, in den Nesthang zu gehen. Ich kroch ihm beinahe in die Ohren und schrie: «Herzlichen Glückwunsch!!» Der Jubilar schüttelte den Kopf, drehte einen doppelten Salto und sprang zu Boden. «Ich bin nicht taub», sagte er, seine Jacke überziehend, «ich bin bloß alt. Was gibt's?» – «Sind Sie nicht hundert Jahre geworden?» brüllte ich.

«Mensch, schreien Sie doch nicht so», sprach der Greis und zog die Ringe hoch, «das weiß ich selbst. Heute abend kommt der Bürgermeister mit einer Tischlampe und einem Kuvert. Die Tischlampe ist mir schnuppe, aber das Kuvert interessiert mich. Denn was stecken sie da meistens rein?»

Ich wußte es nicht.

«Warum kommen Sie eigentlich?» fragte er mißmutig. «Wollen Sie etwas feilbieten?»

«Ich möchte Sie etwas fragen», sagte ich. «Zuerst: Wie sind Sie so alt geworden?»

«Es ging von selbst», antwortete der Jubilar, «jedes Jahr wird man ein Jahr älter, das liegt in der Natur der Sache. Als ich siebzig war, war ich siebzig, als ich achtzig wurde, wurde ich achtzig. Und so weiter bis hundert.»

«Tun Sie etwas dafür?»

«Nein, ich tue nichts dafür, es geht von selbst. Das ist das Hübsche an dieser Art Arbeit.»

«Wußten Sie, daß Sie es schaffen würden?»

«Zuerst nicht, aber später bekam ich es spitz. Als ich neunzig wurde, fing ich an, die Todesanzeigen in den Zeitungen zu studieren, ich freundete mich mit dem Portier des Altersheims an, und so konnte ich den Stand der Dinge genau überblicken. Durchhalten, dachte ich, die Zähne zusammenbeißen. Und wirklich, ich schaffte es.»

«Welchem Umstand schreiben Sie das zu?»

«Es ist eine reine Geduldsfrage. Steter Tropfen höhlt den Stein, wer zuletzt lacht, lacht am besten, Ende gut, alles gut, so ungefähr müssen Sie es sich vorstellen.»

«Wann haben Sie es eigentlich spitzbekommen?»

«Das ist schwer zu sagen. Als ich siebzig wurde, war ich noch ein unbedeutendes Kerlchen, meine Zeit mußte erst kommen. Mein achtzigster Geburtstag war sogar ein Tiefpunkt: Niemand begriff, warum ich nicht starb, und ich wollte nichts verraten. Aber dann ging's langsam aufwärts. An meinem Neunzigsten begannen die Leute auf mich zu zeigen, und an meinem Fünfundneunzigsten hatte ich die Schwierigkeiten hinter mir.»

«Haben Sie Konkurrenten?»

«Es wohnen ein paar Neunziger in der Stadt, aber ich behalte sie scharf im Auge. Wenn einer Geburtstag hat, schicke ich ihm eine Karte mit meinem Alter drauf. Das zermürbt sie dann schon mit der Zeit.»

«Macht Ihnen Ihre Arbeit Freude?»

«O ja. Das Nette in unserer Sparte ist, daß Sie, wenn Sie erst ein Jahr Vorsprung haben, nicht mehr einzuholen sind, und wenn der andere sich noch so ins Zeug legt. Mit jedem Jahr, das er älter wird, gewinne ich auch eines, und auf diese Weise können sie nicht aufholen. Das knackt sie auf die Dauer.»

«Aber dasselbe Gefühl haben Sie doch denen gegenüber, die über Ihnen liegen?»

«Natürlich. Aber es sind nur drei. Einholen kann ich sie nicht; aber ich kann warten. Und in der Zwischenzeit lasse ich sie nicht aus den Augen. Witwe Boltjens aus Schiedam ist hundertzwei. Gut. Aber gestern fing sie an zu husten. Dann ist da noch der pensionierte Zuave Serremans aus Bolsward. Ein zäher Bursche. Aber er wohnt Nordseite in einer Mansarde. Und dann noch van Loggem aus Venlo mit seinem Holzbein. Der hat einen gewissen Vorsprung, denn nach dem anderen Bein, da braucht er sich nicht mehr umzusehen. Aber seit einer Woche braucht er eine Brille für die kleinen Buchstaben, und eine Brille, das wissen wir Hundertjährigen, ist der Anfang vom Ende.»

«Was machen Sie, wenn Sie der erste sind?»

«Dann mache ich Schluß. Es geht mir nicht darum, den Markt zu verderben, das junge Völkchen muß auch eine Chance haben.»

GODFRIED BOMANS

Drei Wünsche

Stellen Sie sich vor, eine gute Fee gewährt Ihnen die Erfüllung dreier Wünsche. Die gute Fee ist obendrein sehr verständnisvoll und gibt Ihnen Zeit zum Nachdenken bis zum Abend. Denn sie weiß, daß die Menschen, von einer solchen Glückschance überrascht, im ersten Moment unbedacht Wünsche äußern, die sie später bereuen, weil sie im Grunde Unwichtiges betreffen. Überlegen Sie sich deshalb in Ruhe, was Ihnen das wichtigste wäre. Natürlich Gesundheit, Harmonie im Ehe- und Familienleben, Frieden auf der Welt, Erfolg im Beruf, genügend Kapital, um ein geräumiges Haus zu bauen ...

Es kommt nun nur noch darauf an, welche dieser elementaren Wünsche Sie für Ihr Lebensglück so entscheidend halten, daß Sie sie an die Stellen eins, zwei oder drei plazieren.

Auch das ist bald geschafft. Damit stünde der Erfüllung der Wünsche eigentlich nichts weiter im Wege, wenn die gute Fee sich nicht die ehrliche Beantwortung einer einzigen Frage ausbedungen hätte, die sie Ihnen stellen wird. Und nun grübeln Sie Stunde um Stunde, wie diese Frage lauten könnte. Alle, die Ihnen einfallen, sind Ihnen nicht sehr angenehm, und daß die Fee eine absolut aufrichtige Antwort von Ihnen erwartet und die Erfüllung Ihrer Wünsche davon abhängig ist, macht Ihnen deutlich mehr zu schaffen als die Aufstellung der Wunschliste.

Nachdem Sie sich entsetzlich lange den Kopf zerbrochen haben, zu welchen Themen oder Situationen Ihres Lebens Sie der Fee wohl Rede und Antwort stehen sollen, fragen Sie sich: Geht es mir denn so schlecht, daß ich auf die Erfüllung dreier Wünsche unter einer so heiklen Bedingung angewiesen bin? Sie rufen sich ins Gedächtnis, daß Sie – genau betrachtet – in Ihrem Dasein bisher mehr Glück als Pech gehabt haben, leidlich gesund sind, nicht völlig pleite, weder mißratene Kinder haben noch einen «unmöglichen» Ehepartner . . . Kurz: Sie ziehen eine Lebensbilanz, die – alles in allem genommen – durchaus positiv ausfällt.

Und wenn am Abend die Fee wieder erscheint, sagen Sie ihr lächelnd: «Ich hoffe, Sie sind mir nicht böse, wenn ich von Ihrem freundlichen Angebot keinen Gebrauch mache.»

Wetten, daß die Fee nicht böse, sondern im Gegenteil sehr zufrieden mit Ihnen ist!

ANDREAS ALBRECHT

Adam und Eva

Als Adam und Eva gezwungen wurden, das Paradies zu verlassen, ging es ihnen gewiß lange Zeit ziemlich schlecht. Wie man hört, waren die Tiere draußen unfreundlich, der Boden steinig und das Klima rauh. Adam und Eva hatten nichts gelernt als faulenzen, und die Arbeit fiel ihnen schwer. Kaum daß sie, wie man zu sagen pflegt, auf einen grünen Zweig gekommen waren, geschah das Unglück mit den beiden ältesten Söhnen, die sie schlecht erzogen hatten, so daß der selbstgefällige Abel nun unter dem Rasen lag, während der gewalttätige Kain irgendwo herumirrte und die Eltern sehen konnten, wie sie zurechtkamen ohne den Gärtner Abel und den Jäger Kain. Aber dann wuchsen ihnen neue Kinder heran und immer wieder neue, wenigstens stelle ich mir das so vor, und auch, daß Adam und Eva ziemlich alt wurden, ehe sie zu altern begannen. Um diese Zeit hatten sie gewiß längst ein Haus, und Eva ging nicht mehr in Schürzchen aus Palmblättern umher. Obwohl beide an den Garten Eden nur noch schwache Erinnerung hatten, ahmten sie doch nach, was sie einmal dort gesehen hatten, indem sie einen Brunnen gruben, der dem Wasser des Lebens glich, einen Garten pflanzten und einige Tiere zähmten, die sich auf dem umfriedeten Grundstück friedlich wie die Tiere des Paradieses benahmen. Dies alles war ganz unvollkommen, aber es machte Freude, daran zu arbeiten und abends umherzugehen und darüber nachzudenken, was sich noch tun ließ. Es machte so viel Freude, daß sie mit der Zeit ganz zufrieden wurden und Adam sich manchmal ein bißchen so fühlte, als sei er der liebe Gott.

Es war darum eine große Erschütterung für ihn, als er eines Tages erfuhr, daß er sterben müßte. Nicht daß er darüber eine bestimmte Nachricht erhalten hätte. Er sah nur eines Abends ein Tier seiner Herde tot umfallen, und da er sich selbst mit diesem großen, starken Leittier oft verglichen hatte, kam ihm mit einemmal der Gedanke, daß er in dieser Beziehung nicht mehr und nichts Besseres sei als ein Tier. Als er zu dieser Erkenntnis gekommen war, wurde er sich verschiedener Mängel bewußt, die er vorher nicht gekannt hatte, einer Schwäche der Augen, einer Unsicherheit der Hände, einer Trübung des Gehörs. Das ist der Tod, dachte er entsetzt, als an diesem Abend ein Gegenstand seiner Hand entglitt. Was hast du denn? fragte Eva, weil er wie versteinert dastand, während sie die Scherben zusammenlas.

Diese Frage: Was hast du denn? stellte Eva noch einige Male in der folgenden Zeit. Denn Adam begann sich in der Tat wunderlich zu benehmen. Es fing damit an, daß er nicht mehr schlief in der Nacht. Er wälzte sich bald auf die eine, bald auf die andere Seite oder lag auch still auf dem Rücken und starrte zur Decke hinauf. Er konnte nicht schlafen, weil er zuviel denken mußte, aber die Gedanken, die ihn wach hielten, waren keineswegs erhabene, an den Tod oder an Gott, vielmehr drehten sie sich mit gräßlicher Beharrlichkeit um kleine häusliche Mißstände, einen Fehler in der Bewässerungsanlage, eine schadhafte Stelle im Dach. Wenn die Nacht vorüber war und alle im Hause sich wieder an ihre Arbeit begaben, überfiel ihn dann eine schreckliche Müdigkeit, und es kam vor, daß er sich gleich nach dem Frühstück wieder hinlegen mußte und eine ganze Weile liegen blieb. Das war ihm selbst verwunderlich, aber noch viel erstaunlicher war die Empfindlichkeit, die er gegenüber den verschiedensten Geräuschen an den Tag zu legen begann. Das Bellen der Hunde machte ihn rasend, noch mehr das Kreischen der Papageien und das alberne Geschrei der Affen, die in den Bäumen hinter dem Hause spielten und von denen er sich bald einbildete, daß sie ihn verfolgten und nur zu seinem Ärger ihren törichten Lärm vollführten. Die Kinder, und zwar noch mehr die halberwachsenen als die kleinen, erregten seinen Unmut auf Schritt und Tritt. Es fiel ihm plötzlich auf, daß sie gewisse idiotische Redewendungen beständig wiederholten und daß sie, ohne die geringste Rücksicht auf ihn zu nehmen, mit schallender Stimme ihre aufreizend stupiden Lieder sangen.

Schließlich bin ich der Vater, dachte er, und ein Mann, der einiges geleistet hat und dem es lange Zeit schlecht gegangen ist, ein Mann, der Anspruch darauf erheben kann, daß man ihn respektiert. Solche Gedanken waren neu, und neu war auch der Wunsch, der ihn jetzt von Zeit zu Zeit überkam, der Wunsch nämlich, sich zu entfernen aus einer Umgebung, in der man ihn so wenig achtete und seinen Worten so wenig Aufmerksamkeit zollte. Er ging ein paarmal fort in der Nacht, bald in dieser, bald in jener Richtung, und schließlich ertappte er sich darauf, daß er bei diesen Spaziergängen etwas ganz Bestimmtes suchte: nämlich die Mauer des Gartens Eden, auf die er im Anfang, also vor vielen Jahrzehnten, herumwandernd noch manchmal gestoßen war und auf der im roten Abendhimmel die Engelwachen gestanden hatten, sehr schön, mit ihren Wolkenflügeln aus schimmerndem Grau. Aber diese Mauer war nicht mehr da, und er hörte auch bald auf, sie zu suchen. Statt allein fortzugehen, machte er immer öfter die Runde durch sein Anwesen, betrachtete alles, was er gemacht hatte, und fand es schlecht genug. Er beobachtete auch seine Kinder und fand sie faul und leichtsinnig, unfähig, das Werk weiterzuführen, das er begonnen hatte und das zu vollenden ihm nicht Zeit genug blieb. Und dann versuchte er über dies alles mit Eva zu sprechen, aber Eva lachte nur, und er war von ihrer Gleichgültigkeit aufs tiefste gekränkt.

In der folgenden Zeit fand er immer mehr Ursache, mit seiner Frau unzufrieden zu sein. Denn wenn Eva auch im Anfang seiner Verdüsterung recht lieb und freundlich gewesen war und sich bemüht hatte, ihm ein wenig Ruhe zu verschaffen, so schien sie doch von Tag zu Tag weniger um ihn besorgt zu sein. Ihre Laune war ausgezeichnet, ihr Appetit vorzüglich, und obwohl sie nicht jünger war als Adam selbst, schlief sie, ohne auch nur ein einziges Mal aufzuwachen, die ganze Nacht. Wenn er sich über den Lärm beschwerte, machte sie ein erstauntes Gesicht, wenn er über das Wetter klagte, sagte sie: Es wird schon wieder besser werden, und mit dieser Redewendung, die ihm leichtfertig und frech erschien, schob sie seine Leiden und Ängste, das einzige, das er noch hatte, in das Reich lächerlicher Grillen, denen niemand Aufmerksamkeit schuldig ist. Es fehlte nicht viel, daß sie gesagt hätte: Ach sei doch still, wenigstens meinte Adam dies herauszuhören und auch einen kleinen Ärger über seine Mutlosigkeit, und dieses Unverständnis kränkte ihn tief. Natürlich konnte er trotzdem nicht schweigen, da ja das Sagenmüssen wie Rauch zum Feuer zu diesem inneren Brande gehört. Also sprach er weiter, sprach mit einer Stimme, die ihm selbst verhaßt war, weil sie so nörglerisch und griesgrämig klang. Er beklagte sich über die Sonne und den Regen, über das Unkraut und die Schädlinge und die Kinder, und Eva sagte in der ersten Zeit noch ein paarmal: Das ist doch nicht so arg, und dann sagte sie gar nichts mehr, und er hatte den Verdacht, sie höre ihm überhaupt nicht mehr zu.

Das ist gewiß schlimm für einen Mann, der eingesehen hat, daß sein Leben nicht ewig währt, und der angesichts der Tatsache an dem Wert alles Geleisteten zu zweifeln beginnt. Es war schlimm für Adam, der jetzt umherging und alles, was er gemacht hatte, gering achtete und der aus seinen früheren Leiden einen glühenden Anspruch sog. Aber es erwies sich, daß dies noch längst nicht das Ärgste war. Denn das Ärgste ist nicht die Gleichgültigkeit, sondern der Verrat.

Man muß bedenken, daß Adam, der so vieles kannte, so etwas in seinem Leben nie erfahren hatte. Er war der einzige Mann, der für Eva in Frage kam, da es neben ihm nur Söhne und Enkel gab. Zwar war er früher, wenn Eva allein fortging und lange ausblieb, manchmal ein wenig unruhig geworden. Aber Eva war, wenn sie zurückkam, immer besonders strahlend und liebevoll gewesen, immer hatte sie etwas Besonderes mitgebracht, ja, es schien ihm jetzt, als habe er in seinem ganzen Leben nichts als Liebe und Freundlichkeit von ihr erfahren. Aber in dem Augenblick, in dem er sich seines Glückes bewußt wurde, war es mit diesem Glück auch schon vorbei. Denn wenn er bisher niemals in Evas Augen einen verräterischen Glanz gesehen hatte, wenn Eva sich niemals von ihm abgewendet hatte, um ihr Ohr einer anderen Stimme zu leihen: Jetzt erfuhr er dies alles, alle Qualen der Eifersucht, nur daß kein Liebhaber, sondern ein Phantom der Nebenbuhler war, kein Mann, mit dem er hätte kämpfen können, sondern das Traumbild der Jugend und des Lebens schlechthin.

Denn er sah es wohl, der Jugend und dem Leben neigte sich Eva zu. Mit einemmal gewahrte er sie auf der Seite der Kinder, ach, nicht mit Worten, aber mit mancher geheimen Zärtlichkeit, manchem vertraulich wiedergutmachenden Blick. Als Adam den ersten dieser Blicke auffing, zuckte er zusammen wie unter einem Schlag. Von da an wurde er mißtrauisch, horchte und schlich im Hause umher. Einmal, als er sich Eva gegenüber über die stechende Sonne beklagte, bemerkte er, wie sie ihr Gesicht und ihre Arme dieser Sonne entgegenhob, als sei gerade das, was ihn quälte, ihr eine Quelle der Lust. Durch solche Beobachtungen wuchs das Gefühl der Verlassenheit in ihm immer mehr. Er erinnerte sich der Zeiten, in denen Eva und er noch allein gewesen waren, und wie sie da, furchtbar allein und aufeinander angewiesen, sich geschworen hatten, einander niemals zu verlassen. Jetzt war Eva noch immer an seiner Seite, sie war nicht fortgegangen, aber es kam ihm vor, als entferne sie sich dennoch, ein wenig weiter mit jedem Tag. In seinem schrecklichen Mißtrauen zeichnete Adam jede Station dieser Entfernung getreulich auf. Er glaubte zu bemerken, wie bei seinen Worten eine leise Ungeduld über Evas Züge glitt. Wenn er ein längeres Ausbleiben ankündigte, meinte er, auf ihren Lippen ein Lächeln der Erleichterung zu sehen, und wenn er dann fortging, bildete er sich ein, daß ihre Stimme, die er aus der Ferne noch hörte, froher und heiterer klang. Einmal, als sie bei der Abendmahlzeit saßen, faßte er sie ins Auge und stellte fest, daß ihre Haut schlaff wurde und ihre Haare sich zu verfärben begannen. Er bemerkte auch, daß sie Schmerzen in den Gliedern hatte und sich nicht mehr so frei und anmutig bewegte wie vorher. Sie ist nicht jünger als ich, dachte er, aber sie tut, als habe sie unbegrenzte Zeit vor sich, ewige Zeit. Und dann dachte er plötzlich, sie weiß nichts, sie weiß es nicht, und er war über ihre Dummheit empört.

Nach dem Essen ging Eva noch auf den Hof hinaus, um das Spielzeug der kleinen Kinder zusammenzusuchen. Adam ging ihr nach und blieb bei ihr stehen und sah sie flehend an. Werde mit mir alt, wollte er sagen, werde mit mir alt. Aber natürlich brachte er diese Worte nicht über die Lippen, sondern begann sich statt dessen über die Mücken zu beklagen in einem wilden und verzweifelten Ton. Was du nur immer hast, sagte Eva und sah ihn kopfschüttelnd an.

In dieser Nacht beschloß Adam, Eva zu sagen, daß sie sterben müsse. Vielleicht hätte er es nicht getan, wenn nicht der Mondschein so hell im Zimmer und gerade auf Evas Gesicht gelegen hätte und wenn dieses Gesicht nicht so voll von Lebensentzücken gelächelt hätte im Schlaf. Aber dieser Anblick rief in Adam, der schon viele Stunden schlaflos gewesen war, eine dunkle Rachsucht hervor. Er weckte Eva auf, und Eva rieb sich die Augen und fragte, ob etwas mit den Kindern sei. Wir müssen sterben, sagte Adam, und es war ihm zumute, als beginge er einen Mord. Große Neuigkeit, sagte Eva spöttisch. Das weiß ich schon lang. Hast du dir keine Gedanken gemacht? fragte Adam, sobald er sich von seiner Überraschung erholt hatte. Was wir hier zurücklassen, ist unfertig und keinen Pfifferling wert.

Jemand wird es schon fertig machen, sagte Eva.

Die Kinder, sagte Adam streng, sind träge und leichtsinnig. Sie wissen nicht, was arbeiten heißt, und werden elend zugrunde gehen.

Es wird schon noch etwas aus ihnen werden, sagte Eva.

Und was wird aus uns? fragte Adam und stützte seinen Kopf in die Hand.

Wir bleiben zusammen, sagte Eva. Wir gehen zurück in den Garten. Und sie legte ihre Arme um Adams Hals und sah ihn liebevoll an.

Ist er denn noch da? fragte Adam erstaunt.

Gewiß, sagte Eva.

Wie willst du das wissen? fragte Adam mürrisch.

Woher meinst du, fragte Eva, daß ich die Reben hatte, die ich dir gebracht habe, und woher meinst du, daß ich die Zwiebel der Feuerlilie hatte, und woher meinst du, hatte ich den schönen, funkelnden Stein?

Woher hattest du das alles? fragte Adam.

Die Engel, sagte Eva, haben es mir über die Mauer geworfen. Wenn wir kommen, rufe ich die Engel, und dann öffnen sie mir das Tor.

Adam schüttelte langsam den Kopf, weil eine ferne und dunkle Erinnerung ihn überkam. Gerade dir, sagte er. Aber dann fing er an zu lachen, laut und herzlich, zum erstenmal seit ach wie langer Zeit.

MARIE LUISE KASCHNITZ

83

Petrus will Golf spielen

Eines Sonntagmorgens gingen Gott und Petrus Golf spielen. Gott spielte den Ball vom Anschlag. Er tat einen mächtigen Schlag und schlug den Ball ins Rauh neben den Fairway.

Der Ball hatte noch nicht den Boden berührt, als ein Kaninchen aus einem Busch heraussauste, den Ball mit dem Maul auffing und den Fairway hinunterrannte. Plötzlich stürzte ein Adler herab, packte das Kaninchen mit seinen Fängen und flog mit ihm über das Green. Ein Mann mit einem Gewehr nahm ihn ins Visier und schoß den Adler mitten im Flug ab. Der Adler ließ das Kaninchen fallen. Es fiel ins Green, und der Ball rollte aus seinem Maul in das Loch.

Wütend drehte sich Petrus zu Gott um und sagte: «Was soll das? Entweder du spielst Golf, oder du alberst herum!»

ANTHONY DE MELLO

Im Süden

So häng' ich denn auf krummem Aste
und schaukle meine Müdigkeit.
Ein Vogel lud mich her zu Gaste,
ein Vogelnest ist's, drin ich raste.
Wo bin ich doch? Ach, weit! Ach, weit!

Das weiße Meer liegt eingeschlafen,
und purpurn steht ein Segel drauf.
Fels, Feigenbäume, Turm und Hafen,

Idylle rings, Geblök von Schafen, –
Unschuld des Südens, nimm mich auf!

Nur Schritt für Schritt – das ist kein Leben,
stets Bein vor Bein macht deutsch und schwer.
Ich hieß den Wind mich aufwärts heben,
ich lernte mit den Vögeln schweben, –
nach Süden flog ich übers Meer.

Vernunft? Verdrießliches Geschäfte!
Das bringt uns allzubald ans Ziel!
Im Fliegen lernt' ich, was mich äffte, –
schon fühl' ich Mut und Blut und Säfte
zu neuem Leben, neuem Spiel . . .

FRIEDRICH NIETZSCHE

Was jeder Tag will

Willst du dir ein hübsch Leben zimmern,
Mußt ums Vergangne dich nicht bekümmern,
Und wäre dir auch was verloren.
Mußt immer tun wie neu geboren;
Was jeder Tag will, sollst du fragen,
Was jeder Tag will, wird er sagen;
Mußt dich an eignem Tun ergötzen,
Was andre tun, das wirst du schätzen;
Besonders keinen Menschen hassen,
Und das übrige Gott überlassen.

JOHANN WOLFGANG VON GOETHE

Freut euch des Lebens

Freut euch des Lebens,
Weil noch das Lämpchen glüht,
Pflücket die Rose,
Eh sie verblüht.

Man schafft so gern sich Sorg und Müh,
Sucht Dornen auf und findet sie;
Und läßt das Veilchen unbemerkt,
Das uns am Wege blüht.

Und wenn der Pfad sich furchtbar engt
Und Mißgeschick uns plagt und drängt,
So reicht die Freundschaft schwesterlich
Dem Redlichen die Hand.

Sie trocknet ihm die Tränen ab
Und streut ihm Blumen bis ins Grab;
Sie wandelt Nacht in Dämmerung
Und Dämmerung in Licht.

Freut euch des Lebens,
Weil noch das Lämpchen glüht,
Pflücket die Rose,
Eh sie verblüht.

JOHANN MARTIN USTERI

Musterhafte Tafelfreuden

Wie, wird der ungeduldige Leser fragen, soll denn eigentlich ein Mahl beschaffen sein, um alle die Bedingungen zu erfüllen, die den höchsten Grad des Tafelvergnügens ausmachen? Ich will diese Frage beantworten. Sammeln Sie sich, meine Leser, und schenken Sie mir Gehör! Von Gasteraea, der lieblichsten aller Musen, bin ich beseelt; ich werde mich klarer als ein Orakel ausdrücken, und meine Vorschriften sollen die Jahrhunderte überdauern:

Die Zahl der Gäste darf zwölf nicht überschreiten, damit die Unterhaltung stets eine gemeinsame sein kann.

Die Auswahl der Gäste soll derart sein, daß, ungeachtet der Verschiedenheit ihrer Berufe, ihr Geschmack doch der gleiche ist und daß sie soviel Berührungspunkte untereinander haben, um die Förmlichkeit des Vorstellens unnötig zu machen.

Die Beleuchtung des Speisezimmers muß glänzend, das Gedeck blütenweiß sein, und die Temperatur soll zwischen 13 und 16° Réaumur betragen.

Die Herren sollen geistreich, ohne Anmaßung, und die Damen liebenswürdig, ohne zu große Koketterie sein.

Die Gerichte müssen von erlesenster Güte, aber nicht zu zahlreich, die Weine jeder in seiner Art erstklassig sein.

Die Reihenfolge der Speisen soll von den kräftigsten zu den leichteren übergehen, die der Weine von den leichteren zu den gehaltvolleren ansteigen.

Das Auftragen der Gerichte soll nicht in Hast erfolgen, den Gästen muß Zeit zum Essen gelassen werden; denn das Diner bildet den Beschluß der Tagesgeschäfte, und die Tischgenossen sollen sich wie Reisende verhalten, die gleichzeitig dasselbe Ziel erreichen wollen.

Der Kaffee muß sehr heiß sein, und die Liköre soll der Hausherr nach eigenster Wahl bestimmen.

Die Gäste müssen durch die Annehmlichkeit der Gesellschaft zurückgehalten und durch die Hoffnung belebt werden, daß der Abend nicht ganz ohne weiteren Genuß vorübergehen wird.

Der Aufbruch darf nicht vor elf Uhr abends erfolgen, aber um Mitternacht sollte jeder bereits im Bett sein.

J. A. BRILLAT-SAVARIN

Wie herrlich leuchtet mir die Natur . . .

Pot-au-Feu Pariser Art

1 Kilogramm Rindfleisch vom Rippenstück, 4 große Zwiebeln, zwei davon mit Nelken besteckt, 4 Knoblauchzehen, 500 Gramm in Scheiben geschnittene gelbe Rüben, 125 Gramm weiße Rüben, ebenso in Scheiben geschnitten, 500 Gramm Lauch, 2 Stangensellerie, 4 Markknochen, Kräuterbukett und Petersilie.

Das Fleisch kocht man in 3½ Liter Wasser auf, schäumt es ab und läßt es dann 1 Stunde weiterköcheln. Dann gibt man Salz, Pfeffer, die Zutaten hinzu und läßt das Ganze weitere 2 Stunden wallen. Kräuterbukett und Knoblauch herausnehmen (Knoblauch vor dem Zugeben in Mull wickeln!). Fleisch und Markknochen (auch sie vor dem Kochen in Mullsäckchen tun!) herausnehmen und mit dem Gemüse anrichten. Bouillon vorher abschütten.

Eine deftige Mahlzeit für 4 naturverbundene Personen.

Mailied

Wie herrlich leuchtet
Mir die Natur!
Wie glänzt die Sonne!
Wie lacht die Flur!

Es dringen Blüten
Aus jedem Zweig
Und tausend Stimmen
Aus dem Gesträuch

Und Freud und Wonne
Aus jeder Brust.
O Erd, o Sonne!
O Glück, o Lust!

JOHANN WOLFGANG VON GOETHE

Die ebenmäßigen Dinge

Oh, es ist wunderschön hier. Die Luft ist nicht herb und staubig, sondern mild, und es gibt Felder über Felder mit weichem, sattgrünem, samtblättrigem Mais und regenfarbenem Weizen, der wie Wasser gleichmäßig hoch um die Stämme einzelner Bäume in den Feldern steht. Und aufgetürmte große Sommerwolken an einem blauen Himmel.

Und reine Luft von den Maisfeldern. Ich fühle mich besänftigt und ausgeglichen – genauso ruhig und frisch und dankbar wie eines dieser Maisfelder. (Ich glaube, daß ein großer Friede von ebenmäßigen Dingen ausgeht, wie etwa von der gleichmäßigen Höhe des Weizens oder den Rinnen am Strand, die die Wellen gezeichnet haben, oder den Buchenreihen am Horizont.) Und ich bin glücklich.

ANNE MORROW LINDBERGH

Natur sehen

Das Beste besteht nicht immer in den Büchern, sondern in der Natur; nur haben die Menschen oft nicht die Augen, es zu sehen.

ADALBERT STIFTER

Warum der Mond keine Kleider hat

Der Mond rannte einmal zu seiner Mutter und sagte: «Ach, liebe Mutter, ich möchte ein Kleid haben! Alle Menschen, die ich auf der Erde sehe, haben Kleider; und du selbst hast auch eines.»

«Mein liebes Kind, ich kann dir keines machen», antwortete die Mutter. «Ich kann mich ja auf deine Figur nicht verlassen. Einmal bist du halb, einmal voll; einmal klein, einmal groß; es würde dir doch niemals richtig sitzen!»

AESOP

93

Der verfehlte Sonnenaufgang

Nach dreitägiger Wanderung von Weggis (der *Baedeker* gibt drei und eine Viertelstunde an!) erreichten wir das *Rigi-Kulm-Hotel*, das einzige, das sich auf diesem ansehnlichen Gipfel befindet und dessen flimmernde Lichter wir des Nachts von Luzern aus oft genug schon gesehen hatten. Der bärbeißige Portier ließ uns jenen Empfang zuteil werden, der seinesgleichen während der Hochsaison beliebt. Durch ganz besondere Ergebenheit und Freundlichkeit bewogen wir ihn jedoch dazu, uns das von uns bestellte Zimmer anweisen zu lassen.

Nach dem Abendessen sanken wir sofort und ungewiegt in die klammen Betten. Wir waren dermaßen übermüdet, daß wir uns nicht eher rückten und rührten, als bis das Geschmetter des Alphorns uns aufscheuchte. Da wir ja den Sonnenaufgang erleben wollten, läßt sich leicht vorstellen, daß wir nicht lange fackelten. Wir streiften dies und jenes an Wäschestücken über, wickelten uns in die hübschen roten Bettdecken und stürzten barhäuptig hinaus durch die Korridore in die frische Luft. Wir entdeckten einen niedrigen Aussichtsturm auf der eigentlichen Spitze des Gipfels und strebten auf ihn zu, eilten über die Stufen hinauf zu der Plattform und standen nun dort hoch über der um uns gebreiteten Welt, mit flatterndem Haar und feuerroten Bettdecken, die in dem scharfen Luftzug wehten und knatterten.

«Mindestens fünfzehn Minuten zu spät!» rief Harris ärgerlich. «Die Sonne steht ja schon über dem Horizont!»

«Macht nichts», gab ich zurück, «es ist auch so ein herrlicher Anblick. Wir können immer noch einen Teil ihres Aufstieges mit ansehen.»

Augenblicks waren wir ganz an das Wunder verloren und

für alles andere taub. Die gewaltige, von Wolkenbänken getragene Scheibe stand über einer unabsehbaren Zeile aufstrebender Zuckerhüte, wenn man das wogende Meer der Gipfel und Zacken so bezeichnen darf, die von Schnee bedeckt waren und von fließenden Glorien mit wechselnden Färbungen überflutet wurden, indessen durch Risse in der düsteren Wolkenbank oberhalb der Sonne Speere von glitzerndem Lichtdunst in den Zenit stießen. Die Spalten und Täler in der Tiefe verschwammen unter einem rosa getönten Nebel, der ihre Schroffen und Schründe und knorrigen Wälder verschleierte und nie betretene Gründe zu lieblichen Paradiesen verzauberte.

Wir konnten nicht sprechen und wagten kaum zu atmen. Wir konnten nur immer wie berauscht hinüberstarren und mit den Augen trinken. Plötzlich rief Harris aus: «Aber um alles in der Welt, die geht ja unter!»

So war es dann auch. Wir hatten das Hornsignal am Morgen nicht vernommen und den ganzen Tag verschlafen. Wir blickten uns ziemlich töricht an. «Du», meinte Harris, «nicht die Sonne, vielmehr wir geben hier eine Vorstellung, aufgepflanzt wie wir hier mit unseren verrückten Bettdekken stehen und staunen! Von unten gaffen mindestens zweihundertfünfzig Leute in Abendtoilette zu uns herauf und kümmern sich wenig darum, ob die Sonne nun auf- oder untergeht. Das lächerliche Schauspiel, das wir hier darbieten, ist ihnen für ihre Reisetagebücher viel interessanter. Die scheinen sich ja Falten über uns anzulachen – das eine Mädchen da wird sich gleich in ihre Bestandteile auflösen. Solch ein Kerl, wie du einer bist, ist mir noch nicht vorgekommen! Ich glaube, daß du der vertrotteltste aller nur denkbaren Trottel bist!»

«Ich? Was habe ich denn getan?» versetzte ich hitzig.

«Was du getan hast? Du bist am Abend um halb acht aufgestanden, um den Sonnenaufgang zu erleben. Das hast du getan!»

«Ja und du? Du hast genau dasselbe getan! Zeit meines Lebens bin ich mit den Lerchen aufgestanden, bis ich unter deinen verdammten Einfluß geriet!»

«Du! Jawohl, du bist mit den Lerchen aufgestanden! Du wirst nächstens noch mit dem Henker aufstehen! Du solltest dich was schämen, dich hier in einem roten Bettuch auf einem vierzig Fuß hohen Schafott hoch über den Alpen herumzuzanken! Und die Zahl der Neugierigen zu unseren Füßen nimmt noch beständig zu! Dies hier ist doch wirklich nicht der Ort für Temperamentsausbrüche.»

In dieser Weise nahm unser üblicher Zank seinen Fortgang. Nachdem die Sonne strahlend untergegangen war, schlichen wir im Schutze der Dämmerung in das Hotel zurück und gingen wieder zu Bett. Unterwegs hatten wir den Hornbläser getroffen, der uns nicht nur für die Ankündigung des Sonnenuntergangs, den wir ja genossen hatten, sondern auch für den Sonnenaufgang, den wir nicht erlebt hatten, ein Trinkgeld entlocken wollte. Wir wiesen ihn ab und erklärten, daß wir nur für die Sonnenseite von unserem «Europaplan» aufzukommen gedächten (bezahle nur für das, was du erhalten hast!). Er versprach uns, daß wir sein Horn am nächsten Morgen schon hören sollten, sofern wir noch am Leben wären.

Er hielt Wort. Wir vernahmen sein Tuten und standen sogleich auf. Es war dunkel, kalt und ungemütlich. Indem ich mit bibbernder Hand nach den Streichhölzern suchte und dabei einiges umwarf, wünschte ich inständig, daß die Sonne doch in der Tagesmitte, wenn es hübsch warm und klar sei, aufgehen möge. Wir kleideten uns an, vermochten jedoch kaum etwas richtig zuzuknöpfen, weil wir noch ganz verschlafen waren und weil unsere Hände nur so flogen. Ich dachte daran, wie viele glückliche Leute es doch in Europa, Asien, Afrika und Amerika gibt, die jetzt noch friedlich in ihren Betten liegen und schlummern durften, Menschen, die nicht zum Sonnenaufgang auf den Rigi-Kulm steigen mußten und die auch keineswegs ihren Ehrgeiz dareinsetzten und sich keinen sonderlichen Vorteil davon versprechen würden, die sich vielmehr, wenn sie am Morgen aufstanden, vom Schicksal Vergünstigungen ganz anderer Natur erwünschten. Indessen ich dies alles dachte, laut und unbekümmert gähnend, und mit dem großen Zeh auf einen Nagel trat und einen Stuhl bestieg, um ihn zu befreien, zog Harris die Vorhänge zurück und rief: «Haben wir ein Glück! Wir brauchen gar nicht hinauszugehen. Da drüben liegt die ganze Ansicht der Berge vor uns!»

Welch eine erfreuliche Neuigkeit! Sie versetzte uns in die allerbeste Laune. Man konnte tatsächlich die gewaltigen Massive der Hochalpen sehen, die sich matt vor dem düsteren Himmel abzeichneten. Ein und zwei Sterne blinkten zwischen den Gipfeln im noch nächtigen Himmel. Fertig angekleidet und in die Bettdecken eingemummt, hockten wir uns an die Fenster, saugten an unseren Pfeifen und hielten einen Schwatz, während wir in schönster Bequemlichkeit darauf warteten, wie sich ein Sonnenaufgang in den Alpen bei Kerzenlicht ausnehmen würde. Nach und nach breitete sich ein zarter, sozusagen geistiger Lichtglanz, kaum wahrnehmbar fortrückend, auf den luftigsten Höhen der Gletschereinsamkeiten aus, hielt dann jedoch inne. Ich meinte schließlich: «Es stimmt da irgend etwas nicht an diesem Sonnenaufgang. Das scheint doch nicht weiterzugehen? Was denkst du?»

«Weiß nicht. Es scheint so, als ob irgendwo ein Feuer stünde. Noch nie sah ich einen Sonnenaufgang in dieser Weise vonstatten gehen. Hältst du es für möglich, daß das Hotel uns einen Streich spielt?»

«Weshalb sollte es? Das Hotel zieht aus dem Sonnenaufgang doch nur geschäftlichen Nutzen und besitzt auf seinen Vollzug keinen Einfluß. Und es ist dies sogar ein sehr unsicheres Geschäft. Eine Folge von totalen Sonnenfinsternissen würde diese Gaststätte wahrscheinlich unter den Hammer bringen. Ja, was ist nun aber wirklich mit diesem Sonnenaufgang los?»

Harris sprang auf die Füße und rief: «Jetzt weiß ich's! Mir ist alles klar. Wir haben ja in die Richtung geblickt, in der die Sonne gestern abend unterging!»

«Wahrhaftig, das stimmt. Das hätte dir doch schon eher auffallen können! Jetzt haben wir's wieder verpaßt! Und alles nur dank deiner Tölpelhaftigkeit! Das war mal wieder so ganz du: sich mit der Pfeife ins Fenster zu setzen und darauf zu warten, daß die Sonne im Westen aufgeht!»

«Nein, vielmehr war es wieder mal so ganz ich, den Irrtum zu bemerken! Du wärst ja nie darauf gekommen! Immer bin ich es, der alle Fehler aufdeckt!»

«Nachdem du sie alle machst, jawohl! Anders hätte dieses dein großartiges Talent dich ja längst um die Ecke gebracht! Aber vielleicht hören wir jetzt mal auf, uns zu zanken! Möglich, daß wir noch nicht zu spät kommen.» Aber natürlich kamen wir zu spät. Die Sonne stand bereits hoch über dem Beobachtungsturm.

Auf dem Wege trafen wir ganze Rudel von Menschen, Männer und Frauen, die die merkwürdigsten Maskeraden trugen und alle Grade der Verfrorenheit und Müdigkeit in Gesicht und Haltung verrieten. Ungefähr ein Dutzend jedoch befand sich bei unserer Ankunft noch auf der Kanzel, dicht aneinandergedrängt und die Rücken dem schneidenden Sturm zugekehrt. Sie hatten ihre roten *Baedeker* auf dem metallenen Orientierungsplan aufgeschlagen, stellten mit großer Sorgfalt die einzelnen Spitzen fest und bemühten sich, die Namen ihrem Gedächtnis einzuprägen. Selten bot sich mir ein so trister Anblick.

MARK TWAIN

Frühling

Die Amseln haben Sonne getrunken,
Aus allen Gärten strahlen die Lieder,
In allen Herzen nisten die Amseln,
Und alle Herzen werden zu Gärten
Und blühen wieder.

Nun wachsen der Erde die großen Flügel
Und allen Träumen neues Gefieder.
Alle Menschen werden wie Vögel
Und bauen Nester im Blauen.

Nun sprechen die Bäume im grünen Gedränge
Und rauschen Gesänge zur hohen Sonne.
In allen Seelen badet die Sonne.
Alle Wasser stehen in Flammen.
Frühling bringt Wasser und Feuer
Liebend zusammen.

MAX DAUTHENDEY

Der Große Geist wohnt in allen

Alle Tiere haben Mächte in sich, denn der Große Geist wohnt in allen, auch in der kleinsten Ameise, in einem Schmetterling, auch in einem Baum, in einer Blume und in einem Felsen. Die moderne Zivilisation des weißen Mannes hält diese Mächte von uns fern und verwässert sie. Um sich der Natur zu nähern, ihre Kraft zu spüren, sich helfen zu lassen, braucht man Zeit und Geduld.

Zeit, um nachzudenken und alles herauszufinden. Ihr habt so wenig Zeit, um in euch zu gehen – ihr seid immer in Hetze, Hetze, Hetze. Dieses Hetzen und Hinterherlaufen verkürzt das Leben.

PETAGA YUHA MANI, SIOUX

Im Sommer

Dünnbesiedelt das Land.
Trotz riesiger Felder und Maschinen
Liegen die Dörfer schläfrig
In Buchsbaumgärten; die Katzen
Trifft selten ein Steinwurf.

Im August fallen Sterne.
Im September bläst man die Jagd an.
Noch fliegt die Graugans, spaziert der Storch
Durch unvergiftete Wiesen. Ach, die Wolken
Wie Berge fliegen sie über die Wälder.

Wenn man hier keine Zeitung hält
Ist die Welt in Ordnung.
In Pflaumenmuskesseln
Spiegelt sich schön das eigne Gesicht und
Feuerrot leuchten die Felder.

SARAH KIRSCH

Die Natur macht mich demütig

Liegt es daran, daß ich meine Nase so lange nicht in die frische Luft stecken konnte, daß ich so versessen auf alles bin, was Natur ist? Ich weiß noch sehr gut, daß ein strahlendblauer Himmel, zwitschernde Vögel, Mondschein und blühende Blumen früher meine Aufmerksamkeit lange nicht so gefesselt haben. Hier ist das anders geworden. Ich habe z. B. an Pfingsten, als es so warm war, abends mit Gewalt die Augen offengehalten, um gegen halb zwölf am offenen Fenster den Mond mal richtig und allein betrachen zu können. Leider führte dieses Opfer zu nichts, denn der Mond war zu hell, ich durfte kein offenes Fenster riskieren. Ein andermal, es ist schon ein paar Monate her, war ich zufällig abends oben, als das Fenster offen war. Ich ging nicht eher zurück, bis das Lüften vorbei war. Der dunkle, regnerische Abend, der Sturm, die jagenden Wolken hielten mich gefangen. Nach anderthalb Jahren hatte ich zum erstenmal wieder die Nacht von Angesicht zu Angesicht gesehen. Nach diesem Abend war meine Sehnsucht, das noch mal zu sehen, größer als meine Angst vor Dieben und dem dunklen Rattenhaus oder Überfällen. Ich ging ganz allein hinunter und schaute aus dem Fenster vom Privatbüro und von der Küche.

Viele Menschen finden die Natur schön, viele schlafen mal unter freiem Himmel, viele ersehnen in Gefängnissen oder Krankenhäusern den Tag, an dem sie wieder frei die Natur genießen können, aber wenige sind mit ihrer Sehnsucht so abgeschlossen und isoliert von dem, was für Arme und Reiche dasselbe ist.

Es ist keine Einbildung, daß die Betrachtung des Himmels, der Wolken, des Mondes und der Sterne mich ruhig und abwartend macht. Dieses Mittel ist besser als Baldrian und Brom. Die Natur macht mich demütig und bereit, alle Schläge mutig zu ertragen.

ANNE FRANK

Gib acht, daß du die Erde nicht überforderst

Ich hörte, wie mit wilder Stimme die Elemente der Welt riefen: «Wir können unsere Bahn nicht mehr ziehen, wie von unserem Herrn befohlen; denn die Menschen stören sie mit ihren schlechten Taten. Sie halten uns auf, sie kehren das Unterste zuoberst. Wir wissen nicht mehr ein noch aus, es stinkt uns alles, wir fühlen uns unrein, und wir vergehen vor Hunger nach Gerechtigkeit.»

Ihnen antwortete die Stimme Gottes: «Wie mit einem Besen werde ich euch reinigen und den Menschen so lange Katastrophen schicken, bis sie Reue zeigen, Vernunft annehmen und sich mir wieder zuwenden. Ich sehe, daß die Winde voll Moder sind und die Luft so schmutzig ist, daß viele Kreaturen kaum noch atmen können. Das Grün welkt dahin, die Früchte der Erde sind vom Irrsinn der verblendeten Menschen verdorben. Nur ihren eigenen Vorteil erstreben sie, der Weltgestank scheint sie nicht anzufechten, und wenn man sie mahnt, fragen sie: ‹Wo ist denn Gott? Er läßt sich ja nie blicken.›

Ihnen antworte ich: ‹Seht ihr mich nicht Tag für Tag, Nacht für Nacht? Erlebt ihr mich nicht, wenn ihr sät und dann die Saat aufgeht von meinem Regen getränkt? Und wer inspiriert wohl die weisen Bücher? Lest darin nach, wer alles geschaffen hat und weiterhin erhalten will.›»

Gib acht, daß du die Erde nicht überforderst und dadurch unbrauchbar machst, so daß die Pflanzen nicht grünen und ihre guten Kräfte sich nicht entfalten können. Aus dem gleichen Grund soll ein Mensch seinen Leib nicht durch allzu große Kasteiung peinigen, weil innerer Verdruß die Folge davon sein wird und aus diesem Verdruß wieder andere Unzuträglichkeiten entstehen – und dies alles nur, weil man seinem Körper nicht die notwendige Nahrung gegönnt hat.

HILDEGARD VON BINGEN

Herbstbild

Dies ist ein Herbsttag, wie ich keinen sah!
Die Luft ist still, als atmete man kaum.
Und dennoch fallen raschelnd, fern und nah,
Die schönsten Früchte ab von jedem Baum.

O stört sie nicht, die Feier der Natur!
Dies ist die Lese, die sie selber hält,
Denn heute löst sich von den Zweigen nur,
Was vor dem milden Strahl der Sonne fällt.

FRIEDRICH HEBBEL

Die Erde will uns warnen

Die Erde will uns warnen: Wetterveränderungen, Erdbeben, Baumsterben – die Krankheitssymptome dieses lebenden Körpers namens Erde sind eigentlich für jeden sichtbar. Doch ihr wendet euch ab, ohne zu begreifen, daß ihr zu dem kranken Körper gehört. Ihr seht und hört nicht die Botschaft der Erde, aber ihr folgt den Botschaften des Fernsehens. TV ist ein Bestandteil eurer Realität geworden.

Die Houdenoshaunee haben Prophezeiungen, und in diesen Vorhersagen ist von einer Zeit die Rede, in der weltweit die Bäume sterben. Ich triumphiere nicht, daß sich die Prophezeiungen meines Volkes erfüllen – aber sie haben sich nun einmal erfüllt, und wir müssen handeln. Der Tod des Waldes und das Verkümmern des Bodens sind weder höhere Gewalt noch ein Virus aus Übersee – ihr seid die Ursache! Der Zustand ist von Menschenhand gemacht. Die Krankheit konnte sich ausbreiten, da ihr die natürliche Bindung zu jenem Körper Erde verloren habt. Die Ureinwohner der westlichen Hemisphäre haben diese Bindung nie verloren. Sie betrachteten das Land immer als Mutter; damit war ihre Bindung die eines Kindes zu seiner Mutter. Es war eine natürliche, selbstverständliche Bindung, voll Liebe und Respekt.

Die Erde wurde von euch infiziert, und jetzt drückt ihr euch vor der Konsequenz. Euer Verhalten könnt ihr nur korrigieren, wenn ihr euer Bewußtsein ändert. Nur ein spiritueller Umgang mit der Umwelt kann die Erde und uns noch retten.

Für die Nicht-Indianer nur schwer zu begreifen ist die Tatsache, daß die Lösung der Probleme nichts mit Wissenschaft zu tun hat. Die Rückkehr zu einem spirituellen Verhältnis zur Erde läßt sich weder mit Computern noch im Labor herstellen. Seit Jahren bemühen sich die Ureinwohner der Schildkröteninsel, Europäern und den Nachkommen der europäischen Emigranten klarzumachen, daß dieses spirituelle Verhältnis zur Erde keine indianische Besonderheit ist, auch keine rätselhafte Mystik, sondern schlicht die Behandlung, nach der die Erde verlangt. Bis jetzt waren wir ziemlich erfolglos in unseren Bemühungen, denn wir wurden nicht verstanden. Ihr wißt nicht, was ein «spirituelles Verhältnis zur Erde» bedeutet. Ich weiß: Einige von euch wissen es, aber eure Gesellschaft weiß es nicht. Eure Gesellschaft ist krank: Ihr fehlt es an menschlichen Eigenschaften.

JOHN MOHAWK SOTSISOWAH, SENECA

Herbsttag

Herr: es ist Zeit. Der Sommer war sehr groß.
Leg deinen Schatten auf die Sonnenuhren,
Und auf den Fluren laß die Winde los.

Befiehl den letzten Früchten, voll zu sein;
Gib ihnen noch zwei südlichere Tage,
Dränge sie zur Vollendung hin und jage
Die letzte Süße in den schweren Wein.

Wer jetzt kein Haus hat, baut sich keines mehr.
Wer jetzt allein ist, wird es lange bleiben,
Wird wachen, lesen, lange Briefe schreiben
Und wird in den Alleen hin und her
Unruhig wandern, wenn die Blätter treiben.

RAINER MARIA RILKE

Der Sommer war nicht groß genug

Der Sommer war nicht eben groß, aber groß genug, ich beklage mich nicht. Ein Sommer sollte ja auch nicht *zu* groß sein, aber ich weiß: Manchem kann er nicht groß genug sein. Der Apfel fiel nicht weit vom Stamm, das hat die Ernte um Wesentliches erleichtert. Aber auf den Fluren hat jemand die Winde losgelassen, was ich als Rücksichtslosigkeit, wenn nicht gar als Beleidigung empfunden habe; jedenfalls zeugt es von schlechten Manieren – von Kinderstube will ich nicht reden, es ist zu schmerzlich. Jemand hat auch den letzten Früchten befohlen, voll zu sein, und ihnen noch zwei südlichere Tage gegeben, die zwar unerträglich waren, dafür ist der Obstkeller jetzt gefüllt. Aber irgendeiner – ich weiß nicht, ob es derselbe war – hat auch die letzte Süße in den schweren Wein gejagt. Ich habe den Kerl nicht zu fassen gekriegt, wahrscheinlich hat er nachts gejagt. Und nun muß ich mich, so wohl als übel, auf einen schweren süßen Jahrgang vorbereiten – aber sei's drum: Die Jahrgänge werden ohnehin nicht leichter, dafür werden die Zeitläufte auch immer weniger süß. Ist Dir das auch schon aufgefallen? Kannst Du Dich etwa auch nur an einen einzigen süßen Zeitlauft erinnern?

Immerhin habe ich ein Haus gebaut. Es ist noch nicht trocken. Noch stehen die Mauern einigermaßen sprachlos und kalt, während vor den dreifach verglasten Fenstern der Schnee auf Einsilbiges wie Au und Flur, Hain und Pfad, Busch und Strauch, Bach und Teich etc. sowie auf Zweisilbiges wie etwa Buschwerk und Tannicht, Strauchwerk und Buchicht, Pfütze, Tümpel und Weiher herabrieselt. Es handelt sich, wie Du dieser Aufzählung entnommen haben dürftest, um Umwelt, die ich übrigens nach Gebühr schütze, sofern sie mich in Frieden läßt, was leider nicht immer der Fall ist.

Wie auch immer: bevor das neue Jahr mit seinen unliebsamen und liebsamen Überraschungen – das letztere ist selten, wenn nicht am Aussterben – seinen Lauf nimmt, will noch manche Träne getrocknet, manche Theorie erhärtet und manches Haar gespalten sein. Doch bald kommt schon der erste Schnee, und mit ihm kommen die ersten Loipen. Sie kommen meist aus Wanne-Eickel oder, wie Gebildete es nennen: Castrop-Rauxel. Sie sind heterozesk, leider auch lärmend und gesellig, und pflanzen sich durch Zumutung fort. Sie gehen auf die Nerven, von wo man sie leicht durch Abruf verscheuchen kann. Nur gehen sie von dort meistens an die sogenannte Leibwäsche – Gehirnwäsche trage ich nicht, ich bin leidlich abgehärtet –, und von dort schlupfen sie in unbewachten Momenten – und man kann ja schließlich nicht jeden Moment bewachen – unter die Haut, von wo man sie nicht leicht wegbekommt, denn hier vermehren sie sich. Ich finde das zwar eher unheimlich, aber dann werte ich es kurzerhand als Symptom und lege es ad acta, wo schon so manches Symptom liegt bzw. der Vergessenheit anheimfällt. Ich rate Dir, lieber Max, das gleiche zu tun – ich meine natürlich das Ad-acta-Legen, nicht das Vergessenheitanheimfallen –, falls Du es nicht schon tust und ich den Rat überhaupt von Dir erhalten habe. Ich bin, Gott sei Dank, so vergeßlich geworden . . .

WOLFGANG HILDESHEIMER

Der Geschmack der großen weiten Welt

Das sind Faustregeln für die wichtigsten Gewürze, die nicht fehlen dürfen, wenn man ein bestimmtes landeseigentümliches Gericht kochen will. Sozusagen also ein einfaches Kochen in vielen Sprachen. Hauptsächlich für Kochexperimente gedacht wie «Sauerkraut arabisch» oder «Schellfisch indischer Art». (Oder Süppchen nach Art des Hauses!)

Die Lieblingszutaten sind

in Arabien	Zwiebeln, Knoblauch, Kreuzkümmel, Rosmarin, Zimt und Kardamom.
auf dem Balkan	Paprika, Knoblauch, Joghurt, Mandeln, Rosinen.
in China	Sojasauce, Essig, Zucker, Würzpulver, Porree, Ingwer, Sherry.
in England	Petersilie und Minze, Rinderfett, Worcestersauce.
in Finnland	Dill und Preiselbeeren als Fleischbeilage.
in Frankreich	nach Landesküchen völlig unterschiedlich: von Estragon bis zur Trüffel.
in Griechenland	Oregano, geriebene Zitronenschale, Zitronensaft, aber nicht wenn Tomate verwendet wird, dann gehört Zimt dazu.
in Holland	Muskatnuß und Pfeffer.
in Indien	für uns Europäer: Curry und Safran, auch Kokosmilch.
in Italien	trotz der zehn Landesküchen Oregano, Basilikum, Safran und Knoblauch.

in Mexiko	Chilischoten aller Art, Tomaten und Chilipulver (sehr scharf würzen!).
in Persien	Zitronensaft und Joghurt.
in Polen	saure Sahne, Zwiebel, Quark, Kapern.
in Portugal	Tomaten, Petersilie, Paprika.
in Rußland	Kümmel, gemahlene Pilze, saurer Rahm und Gurkensaft (von frischen Gurken).
in Schweden	Dill, Petersilie, Anis und Zucker (zu Fisch und Fleisch).
in Spanien	Knoblauch, Petersilie, Minze, Lorbeerblatt, Paprika, Safran und Anissamen.
in der Türkei	Safran, Pimentpfeffer und Muskat.
in Ungarn	Paprika, Kümmel und Rahm.

ULRICH KLEVER

Kinder sind eine Gabe des Herrn . . .

Schokoladensuppe

2 1/4 Liter Milch, 1/2 Stange Vanille, 125 Gramm Zucker, 130 Gramm geriebene Kochschokolade, 1 kleine Prise Salz, 2 bis 3 Eidotter.

Die Vanillestange in der Milch aufkochen, den Zucker, die Kochschokolade, das Salz zufügen. Ein paar Minuten kochen lassen und mit den Eidottern abziehen. Falls die Suppe zu dünn ist, mit etwas Vanille- oder Schokoladepuddingpulver eindicken.

Ein Seelentröster für vier Süßmäuler.

Kinder sind eine Gabe des Herrn,
und Leibesfrucht ist ein Geschenk.

PSALM 127,3

Kindergebetchen

Lieber Gott, ich liege
Im Bett. Ich weiß, ich wiege
Seit gestern fünfunddreißig Pfund.
Halte Pa und Ma gesund.
Ich bin ein armes Zwiebelchen.
Nimm mir das nicht übelchen.

JOACHIM RINGELNATZ

Der Suppen-Kaspar

Der Kaspar, der war kerngesund,
ein dicker Bub und kugelrund,
er hatte Backen rot und frisch;
die Suppe aß er hübsch bei Tisch.
Doch einmal fing er an zu schrei'n:
«Ich esse keine Suppe! Nein!
Ich esse meine Suppe nicht!
Nein, meine Suppe ess' ich nicht!»

Am nächsten Tag – ja sieh nur her! –
da war er schon viel magerer.
Da fing er wieder an zu schrei'n:
«Ich esse keine Suppe! Nein!
Ich esse meine Suppe nicht!
Nein, meine Suppe ess' ich nicht!»

Am dritten Tag, o weh und ach!
Wie ist der Kaspar dünn und schwach!
Doch als die Suppe kam herein
gleich fing er wieder an zu schrei'n:
«Ich esse keine Suppe! Nein!
Ich esse meine Suppe nicht!
Nein, meine Suppe ess' ich nicht!»

Am vierten Tage endlich gar
der Kaspar wie ein Fädchen war.
Er wog vielleicht ein halbes Lot –
und war am fünften Tage tot.

HEINRICH HOFFMANN

Unter Schwestern – unter Brüdern

Geschwister zu haben, das hat ganz gewiß seine Vorteile und auch seine Nachteile. Als Nachteil würde ich es etwa bezeichnen, daß man ihre Kleider, Hosen, Pullover und Mäntel auftragen muß, was zuweilen genierlich und unerfreulich sein kann; als Vorteil hingegen, daß man im Umgang mit Geschwistern bereits in frühester Jugend für den Kampf ums Dasein gestählt wird. Daß man seine Brüder und

Schwestern liebt, ist wohl eine ziemlich feststehende Tatsache, daß man sie aber auch – zum mindesten in Jugendzeiten – so genau kennt wie sonst niemanden auf der Welt, darf in der Beurteilung des geschwisterlichen Verhältnisses nicht vergessen werden. Da der Mensch nicht immer gut ist, benutzt er nämlich diese genaue Kenntnis nicht nur, um den Bruder oder die Schwester zu behüten, zu verstehen und zu beschützen, sondern leider auch, um sie hin und wieder zu ärgern. Dazu genügt aufgrund der genauen Kenntnis oft nur ein Wort oder eine Gebärde. Ein Griff mit beiden Zeigefingern hinter die Ohren etwa symbolisiert in taktloser, aber wirksamer Form den Schwarm der Schwester, dessen Ohren besonders charakteristisch sind. Laut aufschluchzend verläßt sie den Frühstückstisch, worauf der Bruder, nun wieder mit seinem Frühstücksbrot beschäftigt, erstaunt ausruft: «Was hat sie denn bloß wieder?» Die Schwester wird sich natürlich zu gegebener Zeit fürchterlich rächen, denn sie weiß ganz genau, daß der geliebte Bruder senkrecht an die Decke gehen möchte vor Empörung, wenn sie sein angebetetes Fräulein Huhnstein «Huhnbein» nennt.

Es soll zwar Geschwister geben, die nicht zanken, aber meist herrscht schon aufgrund des innigen Zusammenlebens höchstens eine Art Waffenstillstand, der jederzeit gebrochen werden kann. Kein Grund ist zu nichtig: das Fehlen einer Weintraubenbeere, die angeblich eben noch auf dem Teller lag; die Frage, ob ein befreundetes Kind rote oder blonde Haare hat; das Erstrecht auf die Benutzung des Schaukelstuhls oder Badezimmers; die Erforschung, wer gestern und wer vorgestern den Tisch abgedeckt hat und wer nicht; und das ständige Verschwinden aller Radiergummis. Wenn die armen Eltern, des ewigen Streitens müde, kategorisch Frieden anordnen, dann wird gern unter dem Tisch mit den Beinen weitergekämpft. Es ist unendlich schwierig, solche Streitereien gerecht zu schlichten. Wie soll man Recht sprechen, wenn dem einen ganz aus Versehen sein Pantoffel an das Ohr («gerade das, wo ich im vorigen Jahr Mittelohrentzündung hatte!») des anderen gefallen ist, woraufhin der zurückgeworfen und das Sparschwein getroffen hat. Und dann hat der erste, nur um sich zu wehren, dem zweiten die Arme festgehalten, und der hat dann wieder «extra» auf das Diktatheft getreten, und nun kann man darauf den Gummiabsatz sehen . . .

Doch trotz aller Kämpfe bilden Geschwister zuweilen verschworene Notgemeinschaften, wenn es gegen die Macht und Willkür der Erwachsenen geht. Schlechte Schulzensuren, heimliche Fernsehorgien, gemeinsam stibitzte Weckgläser und ein ruinierter Plattenspieler, das läßt alle Streitigkeiten vergessen und jene Einigkeit auf der ganzen Linie herstellen, nach der sich die Eltern sonst so sehnen. Auch ist es ein großer Unterschied, ob man selbst einen jüngeren Bruder oder seine jüngere Schwester ohrfeigt oder ob das ein anderer tut. Beim anderen wirft man sich als Verteidiger des Kleinen und Schwachen dazwischen, so daß der große Bruder, der gleich kommt und alle bösen Feinde verhaut, geradezu zum Symbol geworden ist auch für die, die im Notfall gar keinen großen Bruder aufzuweisen haben. Aus berufener Quelle wurde mir übrigens berichtet, daß große Brüder besonders von den Mädchen, die keine haben, oft weit überschätzt werden. Nicht immer lieben sie es, mit ihren Schwestern zu tanzen, wenn sonst keiner da ist, nicht immer haben sie reizende Freunde, die sie mit ins Haus bringen, und leider sind sie den Schwestern gegenüber auch längst nicht immer auf die gleiche Weise Kavalier, wie sie es gegenüber anderen Mädchen zu sein bemüht sind. Dafür haben sie oft einen sehr lästigen pädagogischen Ehrgeiz und, aufgrund ihrer gereiften Lebenserfahrung, auch sehr feste Grundsätze das betreffend, was ein junges Mädchen alles nicht tun sollte. Aber auch große Schwestern dürften manchmal schwer zu ertragen sein. Taktloserweise etwa richten sie ihr Augenmerk auf jene schwer zugänglichen Stellen hinter den Ohren oder auf die absolute Trockenheit der Zahnbürste und knüpfen dann nicht gern gehörte Ermahnungen daran. Eines Tages jedoch wäscht sich der Bruder nicht nur den Hals von selbst, sondern auch die Ohren und dankt, wenn man ihm großmütig den Nachtischrest überlassen will. Kurzum, sie werden erwachsen. Man geht aus dem Haus und sieht sich nicht mehr tagtäglich. Der Umgangston wird friedlicher, tausendundein Grund zum Streiten sind weggefallen. Man sieht sich gern, man pumpt sich an, vergleicht die Kinderchen und führt tiefsinnige Erwachsenengespräche. Aber nie wieder wird man sich so verbunden fühlen wie damals, als man mit höflich unbewegtem Gesicht brav sein Mittagessen aß und heimlich unter dem Tisch nacheinander trat.

HEILWIG VON DER MEHDEN

Papa und Mama

Der Papa steht nicht so früh auf wie andere Papas. Der Papa sagt, daß er am Morgen einen dummen Kopf hat. Wir sollen nicht mit ihm reden, er redet nicht viel. Die Mama sagt, wir sollen ihn in Frieden lassen. Er frühstückt im Wohnzimmer, wir frühstücken in der Küche. Er liest die Zeitung. Die Zeitung holt Friederike rein. Clemens holt die Brötchentüte rein. Wenn Clemens die Zeitung mitnimmt, heult Friederike, und Clemens heult, wenn Friederike die Brötchentüte holt.

Fabian sagt, Papa hängt die Zeitung, wenn er sie gelesen hat, wie ein Hemd über die Stuhllehne. Dort hängt sie den ganzen Tag, und wenn der Papa nach Hause kommt, liest er weiter. Fabian sagt, ich esse morgens auch so wenig wie der Papa. Er ißt ein Brötchen, trinkt Kaffee und raucht zwei Zigaretten. Dann regt er sich auf. Er rennt in sein Zimmer, sucht Bücher und Blätter, die er nie findet. Hat er sie gefunden, steckt er sie in die Tasche und fährt in die Stadt.

Papa arbeitet in einem Verlag. Dort macht man Bücher. Ich war einmal mit. Ich habe nicht gesehen, wie man Bücher macht. Papa sagt, Bücher werden nicht im Verlag gemacht, sondern immer draußen. Es gibt Leute, die schreiben wie er und schicken die Blätter in den Verlag. Im Verlag liest man die Blätter und gibt sie Leuten, die Bücher daraus machen.

Nach dem Mittagessen ruft der Papa an. Ich gehe zum Telefon und sage: Hier ist Fabian Härtling.

Die Friederike will auch immer telefonieren, gebe ich ihr den Hörer nicht gleich, brüllt sie. Sie brüllt oft.

Die Friederike sagt, ich bin manchmal auch die erste, dann sage ich, hier ist die Rike; nur der Clemens kann noch nicht richtig telefonieren. Am Abend kommt der Papa oft spät heim. Dann sitzen wir schon beim Abendessen. Er fragte Fabian, was er in der Schule aufbekommen hat. Er fragt die Friederike und den Clemens, was sie gespielt haben. Nach dem Essen spielen wir mit ihm. Er kann nicht immer gut spielen. Nur wenn er gut gelaunt ist.

Der Papa erzählt vom Verlag. Er liest der Mama Briefe vor oder etwas, was er geschrieben hat. Hat die Mama viel zu tun oder der Clemens quengelt, dann sagt die Mama: Kannst du das nicht später?

Wenn wir gebadet haben, kommt er zu uns ans Bett. Er erzählt selten eine Geschichte. Nachts schreit die Friederike oft. Dann kommt er ins Zimmer gesaust, schimpft; schreit die Friederike weiter, nimmt er sie mit und legt sie der Mama ins Bett.

Bei der Mama klingelt der Wecker. Beim Papa nicht, der steht viel später auf. Die Mama macht ziemlich alles nebeneinander.

Was die Mama alles nebeneinander macht: Sie hopst aus dem Bett. Sie macht den Wecker still. Sie duscht. Sie kämmt sich. Sie weckt den Fabian, weil der ganz bald in die Schule muß. Aber nicht immer. Sie zieht sich an. Sie kocht Milch. Sie schmiert Brote. Sie holte Marmelade aus dem Keller. Sie bringt dem Fabian frische Hosen. Sie sagt dem Clemens, er soll noch im Bett bleiben. Der Clemens bleibt nicht im Bett. Die Friederike auch nicht. Die Mama zieht den Clemens an. Die Friederike auch. Der Fabian hat in die Hosenträger einen Knoten gemacht. Der Fabian flucht wie ein Bolzen. Die Mama flucht. Der Fabian kommt zu spät in die Schule, wenn er solchen Quatsch macht.

Die Frau Schildhauer kann mit dem Jens nicht warten. Jetzt ist die Friederike die Treppe runtergefallen. Jetzt kommt der Papa aus dem Schlafzimmer gebrüllt. Er kann nicht mal ausschlafen, schreit er. Und der Papa flucht.

Manchmal ist der Morgen schlimmer als der Tag. Der Fabian ist weg. Die Mama rennt rum, dann kann man nicht sehen, was sie tut. Die Friederike und der Clemens gehen spielen. Die Mama putzt. Sie geht einkaufen. Ich geh mit, sagt die Friederike. Ich geh mit, sagt der Clemens.

Die Mama fährt los.

Wir gehn zu Levi Wurst und Zucker und vielleicht Bon-

bons kaufen. Kaugummi ist besser. Ist doch nicht besser. Wir gehn zur Frau Geyer, Schnaps kaufen, was der Papa trinkt. Die Mama darf Schnaps nicht trinken, weil das Baby im Bauch sonst einen Schwips hat oder betrunken ist.

Jetzt ist Mittagessen. Die Mama hat noch toll schnell gekocht. Spinat oder Linsen oder Rührei oder ich weiß noch was: Schnitzel und Hasenbraten.

Der Clemens ißt nicht richtig. Immer dreht er auf dem Stuhl rum und hat Gemüse bis ans Ohr. Der Fabian denkt nach. Der denkt nach über seine Schule. Deswegen kann er die Suppe nur langsam essen. Wir schlafen aber nicht. Wir gehn lieber spielen.

Der Clemens hat sich bei der Nathalie den Finger eingeklemmt. In ein Spielzeug. Weiß er nicht, welches. Jetzt hat er eine Blase. Die will er im Freien haben, kein Pflaster drauf. Aber die Mama tut eins um den Daumen. Das lutscht er weich. Die Mama sagt, der Daumen kriegt Falten. Die Mama macht Mittagschlaf, und wir sind auf der Straße. Die Friederike muß aufs Klo, soll aber die Mama nicht wecken. Sie klingelt. Der Clemens muß auch. Wenn der Fabian Durchfall hat, muß er öfter mal. Die Mama schüttelt den Kopf, sie sagt: Ich muß mal den Kopf schütteln. Nein, sie sagt: Da kann ich nur den Kopf schütteln. Warum kann die Mama den Kopf schütteln?

Wir gehen wieder raus. Der Clemens ist schwarz von Wagenschmiere. Sein Go-Cart tröpfelt Öl. Die Mama hat dann aber gesagt: Jetzt reicht's! Wir sind inzwischen beim Basti gewesen, auf einen Besuch, und der Herr Krupp hat Spiele gemacht. Das war Klasse! Schnellstens ist es Abend. Am Abend kann's einen frieren. Der Fabian muß noch Schulaufgaben machen. Er muß noch lesen. Er hat der Mama nicht gesagt, daß er noch lesen muß. Die Mama liest mit ihm die Geschichte. In der kommt was vor vom Hokus-Pokus. Das Baden ist immer aufregend. Heute haben wir gar nicht richtig Abend gegessen, weil wir vorher schon Brot gegessen haben.

Die Mama kommt zu jedem ans Bett. Sie ruft noch den Papa. Der soll kommen. Sie muß der Friederike noch die Nägel schneiden. Die Friederike kann das nicht leiden und macht die Füße rund. Wenn die Mama ihr die Füße grade macht, heult sie. Aber die Nägel sind weg.

Der Clemens will ein Auto ins Bett. Die Friederike einen Bären. Der Fabian will eine Taschenlampe ins Bett. Mit der funzelt er, weil er sich ein Haus aus der Decke baut. Die Lampe ist immer bald aus.

PETER HÄRTLING

Das Familienfest

Ich habe nur noch einen Großvater. Von dem anderen ist bloß die Pension übriggeblieben, von der Oma lebt.

Mein Großvater mag mich. Er steckt mir immer was zu, am liebsten heimlich. Mein Großvater hat gern Heimlichkeiten mit mir gegen die übrige Familie.

Mein Vater sagt, es sei furchtbar, wie der Alte mich, das Karlchen, verzieht. Ihm selber habe er damals nichts erlaubt, aber auch rein gar nichts.

Bloß immer ins Kreuz geboxt habe der ihn wegen seiner laschen Haltung. Und die kurzen Haare – Streichholzlänge und ausrasierter Nacken – das verzeiht er dem Alten nie, sagt mein Vater.

Mein Großvater sagt: Dein Vater, Karlchen, das will nun ein junger Mann sein. Dabei verträgt er rein gar nichts. Keinen Mumm in den Knochen. Und mit achtunddreißig schon herzkrank.

Du, Karlchen, du bist aus anderem Holz geschnitzt, aus anderem Schrot und Korn.

Als ich noch klein war und in den Ferien bei den Großeltern, haben sie Großvater und mich gemeinsam an die frische Luft geschickt, wenn wir zu Hause störten.

Aber Großvater kannte Wirtschaften, wo wir vor allzufrischer Luft sicher waren und wo ich schon morgens heiße Würstl kriegte. Er hat mich auch von seinem Bier trinken lassen. Großvater wußte immer, wo es junge Katzen, alte Dachpappe, eine Brandstätte oder eine Beerdigung mit Blasmusik gab. Da gingen wir dann hin. Wir haben auch gemeinsam die Züge kontrolliert, meistens hatten sie etwas Verspätung.

Er war viel geduldiger mit mir als die andern Erwachsenen, aber das kam wohl daher, weil ich aus seinem Schrot und Korn geschnitzt bin und der einzige, der nicht türmte, wenn er die Geschichte von Generalfeldmarschall Rommel erzählte, wie der ihm vor Tobruk ins Auge geschaut und gesagt hatte: «Na, denn wollen wir mal.»

Nun hatte Großvater seinen fünfundsechzigsten Geburtstag. Wir mußten schon zu Mittag hin. Fünfzehn Stück Verwandte in der kleinen Wohnung. Wir Kinder standen rum, was sollten wir sonst machen. Das Turnen auf dem Schaukelstuhl war verboten, und die Kuckucksuhr durften wir auch nicht mehr anfassen, weil die Reparatur nach unserem letzten Besuch so teuer war.

Mama half Oma in der Küche. Oma sagte: Ist das nun nicht ein Wahnsinn, so einen aktiven Mann, der seine Nase in alles reinstecken muß, so früh zu pensionieren? Gestern hat er den Mülleimer kontrolliert. Ob er auch mit Papier ausgelegt war. Wenn ich daran denke, daß in seiner Familie alle achtzig werden, wenn ich mir vorstelle, noch fünfzehn Jahre tagein, tagaus einen Mann um einen rum, der den Mülleimer kontrolliert!

Onkel Fritz lief meiner Schwester hinterher, die schon sechzehn ist.

Papa und Onkel Lothar gingen runter, Onkel Lothars neues Auto anschauen. Als sie wieder raufkamen, war Papa sauer.

Endlich wurde zu Tisch gebeten. Bei der Bulljong gab Onkel Fritz mit seinem Ferienhaus in Spanien an und lud meine Schwester dahin ein, der alte Dackel.

Tante Lucie in dem roten Kleid, wo sie oben aus dem Ausschnitt platzte, hielt ihre Hand immer so, daß man ihren neuen Ring sehen konnte.

Onkel Lothar erzählte von seiner Neckermannreise nach Bangkok, und damit die Verwandten nicht dachten, wir hätten es inzwischen zu gar nichts gebracht, erzählte Mama, daß Papa in eine Bausparkase eingetreten ist. Als Oma das Roßbief auf den Tisch stellte, erhob sich Onkel Lothar. Mein Papa hatte schon vorher gesagt, wetten, daß der Lothar sich wieder reden hören will? Onkel Lothar las ein Loblied auf Großvater vom Blatt. Großvater und Onkel Lothars Frau waren sehr gerührt.

Aber wenn einer schon beim Essen reden mußte, warum dann nicht bei der Bulljong, an der wir uns eh die Schnauze verbrannt hatten!?

Nach dem Essen wuschen Mama und Tante Lucie ab, und Tante Lissy und ihr Mann guckten sich genau in der Wohnung um. Bei der Bauerntruhe blieben sie stehen und sagten, alles andere wäre Trödel hier, aber die wäre schön und sie müßten rechtzeitig festmachen, daß sie die mal erben.

Papa und Onkel Fritz kriegten sich politisch in die Wolle, und Oma rannte zum Fenster und machte es zu wegen der Nachbarn.

In der Küche sagte Tante Lucie zu Mama, die moderne Kindererziehung sei Käse. Kinder müßten spuren, ohne Prügel ginge es nicht, und wenn einer in der Schule nicht mitkommt, dann liegt das eben daran, daß er faul ist. Mama sagte, du spinnst doch, Lucie, und dann sah sie uns Kinder im Flur rumstehen und sagte, warum spielt ihr nicht, geht runter und spielt schön.

Tante Lucie rief uns nach: Aber macht euch nicht drekkig, sonst gibt's was.

Wir gingen also runter und standen auf der Straße rum. Onkel Lothars Sohn gab mit dem neuen Auto von seinem Vater an. Da machten wir es madig. Mitten in unsere Prügelei rief Oma aus dem Fenster, oben kommen, Kinder, Kaffee trinken.

Nun spielten wir endlich schön, da mußten wir wieder hoch.

Tante Hanna erzählte beim Kaffee pausenlos von ihrer Tochter und wie die Geburt von ihrem Enkel in Karlsruhe verlaufen ist. Konnte einem richtig übel werden.

Ich war nervös wegen dem Mohrenkopf auf dem Teller mit den Konditorstücken, daß mir den keiner wegschnappt, weil Kinder doch zuletzt mit Nehmen rankommen. Und was hab ich geahnt – Tante Lucie nahm ihn direkt vor meiner Nase. Ich kann sie sowieso nicht ausstehen, sie küßt so naß. Onkel Fritz sagte zu meiner Schwester, er könne ruhig Kuchen essen, er wäre fabelhaft in Form. Kein Gramm zuviel, ob sie mal anfassen möchte? Er nähme es nicht nur rein figürlich, sondern überhaupt mit jedem Zwanzigjährigen auf.

Tante Lissy befühlte das ganz mit Löchern bestickte Tischtuch, wahrscheinlich weil sie prüfen wollte, ob es zu erben lohnt.

Dann klingelte es, und es kam ein Glückwunschtelegramm von Mamas Schwester aus Celle.

Großvater sagte, nein so was, daß die an mich gedacht hat. Er weiß ja nicht, daß Mama ihrer Schwester geschrieben hat, vergiß bloß nicht den Geburtstag von meinem Schwiegervater.

Ich fragte Großvater, ob ich fernsehen darf. Er sagte, ja, mein Junge, aber es war kaum was zu verstehen, weil alle durcheinanderquatschten. Drehte ich eben lauter. Kam Onkel Lothar und gab mir fünf Mark, daß ich den Kasten abdrehte.

Wir waren noch bummvoll vom Mittag und vom Kaffee, da gab es schon Abendbrot, und Großvaters Kriegskamerad kam zu Besuch.

Sie sprachen von nichts anderem als von ihrer Kompanie in Afrika. Es mußte eine schöne Zeit gewesen sein, weil Großvater immer davon anfängt, wenn er einen gehoben hat.

Meine Schwester sagte, gib Opa die fünf Mark, damit er endlich aufhört, davon zu reden, aber war ich blöd –? Fünf Mark! Kann ich mit dem Geld rumschmeißen wie Onkel Lothar?

Großmutter hatte meinen Vetter in die Küche geschickt, den Eierlikör zu holen. Wie er nicht wiederkam, schickte sie mich nach.

Er war gerade dabei, die Likörflasche unterm Wasserhahn wieder aufzufüllen, er sagte, das Zeug schmeckt zu dufte. Dann wurde ihm schlecht. Hab ich gelacht!

Großvater und sein Kriegskamerad sangen «O du schöner

Westerwald», und ich fragte mich, warum singen alte Männer immer «O du schöner Westerwald», wenn sie besoffen sind?

Papa, Onkel Lothar und Tante Lissys Mann, von dem ich immer den Namen vergesse, (aber wir sehen ihn ja sonst nie, Mama spricht schon seit Jahren nicht mehr mit Tante Lissy) spielten Skat. Tante Lucie zeigte ihren Schmuck rum, und Mama guckte alte Fotoalben an. Onkel Fritz kniff meiner Schwester in den Hintern, das sah zufällig Papa und wurde tücksch.

Mama rettete die Lage, indem sie munter rief: Nun gehen wir alle nach Haus, die Kinder müssen ins Bett.

Es wurde aber auch Zeit.

Auf der Straße stritten sich Mama und Papa um die Autoschlüssel. Papa sagte, er wäre noch sehr wohl in der Lage zu fahren. Mama sagte, das bist du nicht, soll dir bloß einer vorne reinfahren, du brauchst gar nicht schuld sein, aber wenn sie deine Fahne riechen, bist du dran und die Versicherung zahlt nichts.

Mama fuhr uns heim und schimpfte die ganze Zeit auf Papas Verwandtschaft und auf den Obstsalat, der wäre zu süß gewesen. Hätte sie Sodbrennen nach gekriegt.

Papa sagte, wenn du nichts zu meckern hast, bist du auch nicht glücklich.

BARBARA NOACK

Suppe für Säuglinge

Da die Milch besonders in Städten häufig nicht frisch genug und überhaupt nicht in der gehörigen Beschaffenheit erlangt werden kann und deshalb von Säuglingen nicht immer vertragen wird, indem sie diesen unter diesen Umständen Brechen und Durchfall erzeugt und dadurch sehr bald das Leben derselben gefährdet, so muß es als ein großer Gewinn in der künstlichen Auffütterung angesehen werden, daß es dem berühmten Chemiker Justus von Liebig gelungen ist, eine Suppe für Säuglinge zu bereiten, welche nach den sehr zahlreichen günstigen Erfahrungen, die man darüber bereits gemacht hat, sehr wohl sich eignet, dem zarten Kinde als Nahrung zu dienen. Von dem ganz richtigen Grundsatze ausgehend, daß die Speise, welche man als Ersatz für Mutter- oder Ammenmilch reicht, denselben Ernährungswert haben müsse wie die Frauenmilch, fand Liebig, daß eine Verdünnung von Weizenmehl, Malzmehl und ganz geringe Quantitäten von kohlensaurem Kali mit Milch genau dieselben blutbildenden und wärmeerzeugenden Stoffe enthält wie die Frauenmilch. Bei der Zubereitung der Suppe verfährt man auf folgende Weise: Man wiegt ein Lot Weizenmehl und ein Lot Malzmehl ab, setzt 30 Tropfen Kalilösung oder 7½ Gran doppelkohlensaures Kali zu, mischt sie erst für sich, sodann unter Zusatz von 2 Lot Wasser und zuletzt von 10 Lot Milch, und erhitzt unter beständigem Umrühren bei sehr gelindem Feuer, bis die Mischung anfängt, dicklich zu werden; bei diesem Zeitpunkt entfernt man das Kochgefäß vom Feuer und rührt 5 Minuten lang um, erhitzt aufs neue und setzt wieder ab, wenn eine neue Verdickung eintritt, und bringt zuletzt das Ganze zum Kochen. Die Suppe muß dünnflüssig und süß geworden sein, ehe sie zum Kochen gebracht werden darf. Nach der Absonderung der Kleie von der Milch durch ein feines Sieb ist die Suppe zum Gebrauche fertig.

HAUSBUCH 1868

Ich glaube,
ich könnte zu den Tieren gehn . . .

Fenchelsuppe

4 Fenchelknollen, 2 feingehackte Zwiebeln, etwas Erdnußöl, Weißwein und Pernod, getrocknete Fenchelsamen, Salz, Pfeffer, 1 Liter Hühnerbrühe, 1 Deziliter Rahm.

Fenchel vom Kraut befreien und putzen, in kleine Stücke schneiden, zusammen mit den Zwiebeln in Öl dünsten. Mit Weißwein und Pernod ablöschen und mit der Hühnerbrühe auffüllen. Fenchelsamen dazutun, mit Pfeffer würzen (Cayenne). 20 Minuten auf kleiner Flamme kochen, pürieren, durch ein Sieb streichen, erneut aufkochen, würzen. Das Fenchelkraut fein hacken und über die Suppe streuen.

Erfreut vier vegetarische Suppenfreunde.

Ich glaube, ich könnte zu den Tieren gehn

Mit ihnen leben, die so still
Und in sich selbst vollkommen.
Ich stehe lang und sehe ihnen zu.
Sie jammern und sie klagen nicht,
Wie traurig ihre Lage sei.

Sie liegen nicht mit Weh und Ach
Die langen Nächte weinend wach
Ob ihrer Sünden; und sie sind mir
Nicht zuwider, denn sie streiten nicht
Um Gott.

Sie sind zufrieden. Keines ist besessen
Von Habsucht. Sie sind glücklich.
Keines kniet vor seinesgleichen,
Lebte er selbst vor Jahrtausenden,
Und keines dünkt sich besser als die übrigen.

Kein Bildwerk gibt es, edler als die Kuh,
Die träumerischen Hauptes wiederkäut,
Und eine Maus ist Wunders reich genug,
Um hundert Glaubenlose zu bekehren.
Ich bin wie sie, sie sind wie ich.
Ich weiß es und bin dessen froh.
Sie tragen Male meines eignen Seins.
Ich frage mich, woher sie die Zeichen genommen:

Bin ich selbst dort vor Zeiten vorbeigekommen
Und habe sie achtlos fallen gelassen
Auf meinem Weg?

Ich bin wie sie, und sie erinnern mich an mich;
Und ich suche mir eines von ihnen, das ich liebe,
Und gehe brüderlich mit ihm.

WALT WHITMAN

Zweifelhaftes Vorrecht

Ich ziehe die Gesellschaft der Tiere der menschlichen vor. Gewiß, ein wildes Tier ist grausam. Aber die Gemeinheit ist das Vorrecht des zivilisierten Menschen.

SIGMUND FREUD

Grabschrift auf einen Hund

Hier ruht
was Körper war eines Wesens,
das Schönheit besaß ohne Eitelkeit,
Kraft ohne Überheblichkeit,
Mut ohne Grausamkeit
und alle Tugenden des Mannes
ohne seine Laster.

Solches Lob, nichtssagende Schmeichelei
als Inschrift über *menschlicher* Asche,
ist nur gerechte Dankesschuld

an BOATSWAIN, einen Hund,
geboren in Neufundland, Mai 1803,
gestorben in Newstead Abbey,
18. November 1808

LORD GEORGE NOËL BYRON

Der Nachtschelm und das Siebenschwein

Der Nachtschelm und das Siebenschwein,
die gingen eine Ehe ein,
o wehe!
Sie hatten dreizehn Kinder, und
davon war eins der Schluchtenhund,
zwei andre waren Rehe.

Das vierte war die Rabenmaus,
das fünfte war ein Schneck samt Haus,
o Wunder!
Das sechste war ein Käuzelein,
das siebte war ein Siebenschwein
und lebte in Burgunder.

Acht war ein Gürteltier nebst Gurt,
neun starb sofort nach der Geburt,
o wehe!
Von zehn bis dreizehn ist nicht klar; –
doch wie dem auch gewesen war,
es war eine glückliche Ehe!

CHRISTIAN MORGENSTERN

Niemals nach dem Nutzen fragen

Niemals sollen die Menschen so weit sich vergessen und die lebende Kreatur behandeln wie alte Schuhe und abgenützte tote Geräte, die sie fortwerfen mögen, wenn sie nicht mehr zu gebrauchen sind. Wir sollen es nicht tun und uns niemals bei alten lebendigen Wesen nach dem Nutzen fragen, den sie nur schwach oder gar nicht mehr haben. Wir sollen sie behalten, und sei es auch nur, um daraus Barmherzigkeit gegen Menschen zu lernen. Ich würde kein altes Pferd und keinen alten Ochsen, der sich einmal für mich geplagt hat, verkaufen können . . .

PLUTARCH

Segen für Tiere

Ich spreche den Segen Brigits,
Den sie über ihre Kälber und Kühe sprach,
Über ihre Pferde und Ziegen,
Ihre Schafe und Lämmer:

Bei Tag und bei Nacht,
In Kälte und Hitze,
Bei Tag und bei Nacht,
Im Licht und im Dunkel:

Bewahr sie vor Sümpfen,
Bewahr sie vor Felsen,
Bewahr sie vor Gruben,
Bewahr sie vor Hängen.

Bewahr sie vor Schaden,
Bewahr sie vor Eifersucht,
Bewahr sie vor Zauber
Von Norden bis Süden.

Bewahr sie vor Gift
Von Osten bis Westen,
Bewahr sie vor Neid,
Vor falschem Verlangen.

SIAN SEILBH

Schmetterling

Welch schönes Jenseits
Ist in deinem Staub gemalt.
Durch den Flammenkern der Erde,
Durch ihre steinerne Schale
Wurdest du gereicht.
Abschiedsgewebe in der Vergänglichkeiten Maß.

Schmetterling
Aller Wesen gute Nacht!
Die Gewichte von Leben und Tod
Senken sich mit deinen Flügeln
Auf die Rose nieder
Die mit dem heimwärts reifenden Licht welkt.

Welch schönes Jenseits
Ist in deinen Staub gemalt.
Welch Königszeichen
Im Geheimnis der Luft.

NELLY SACHS

Der unfolgsame Esel

Es war einmal ein sehr unfolgsamer kleiner Esel. Er liebte es geradezu, unfolgsam zu sein. Wenn ihm etwas auf den Rükken geladen wurde, dann warf er es ab, und er rannte den Leuten nach und versuchte, sie zu beißen. Sein Herr konnte nichts mit ihm anfangen, und so verkaufte er ihn an einen anderen Herrn, und dieser Herr konnte auch nichts mit ihm anfangen und verkaufte ihn ebenfalls, und schließlich wurde er für ein paar Pfennige einem schrecklichen alten Mann gegeben, der alte, abgearbeitete Esel aufkaufte und sie durch Schinderei und schlimme Behandlung umbrachte. Aber der unfolgsame Esel jagte den alten Mann und biß ihn und rannte dann mit fliegenden Hufen davon. Er wollte sich nicht wieder einfangen lassen, deshalb schloß er sich einer Menschenmenge an, die ihres Weges zog.

«Unter all den vielen Menschen wird niemand wissen, wo ich hingehöre», dachte der Esel.

Die Menschen zogen alle nach der Stadt Bethlehem, und als sie dort ankamen, gingen sie in einen großen *Khan* voller Menschen und Tiere.

Der kleine Esel aber schlüpfte in einen hübschen kleinen Stall, in dem schon ein Ochse und ein Kamel standen. Das Kamel war sehr hochmütig wie alle Kamele, denn die Kamele glauben, nur sie allein wüßten den hundertsten und geheimen Namen Gottes. Das Kamel war zu stolz, um mit dem Esel zu sprechen. Deshalb begann der Esel zu prahlen. Er prahlte furchtbar gerne.

«Ich bin ein ganz außergewöhnlicher Esel», sagte er. «Ich kann sowohl in die Zukunft als auch in die Vergangenheit sehen.»

«Wie soll denn das gehen?» brummte der Ochse.

«Na ja, einfach genauso, wie ich vorwärts- und rückwärtslaufen kann. Meine Urur-siebenunddreißigmal-Urgroßmutter war die sprechende Eselin des Propheten Bileam und hat mit eigenen Augen den Engel des Herrn gesehen.»

Aber der Ochse kaute ungerührt weiter, und das Kamel blieb weiter hochmütig.

Bald darauf kamen ein Mann und eine Frau herein, und es gab eine Menge Aufregung, aber der Esel fand rasch heraus, daß es da gar nichts zum Aufregen gab außer einer Frau, die ein Kind kriegte, und das passiert schließlich jeden Tag. Und nachdem das Kind geboren war, liefen Hirten herbei und machten ein großes Getue um das Kind – aber Hirten sind eben sehr einfältige Leute.

Aber dann erschienen Männer in reicher Kleidung.

«VIPs», zischte das Kamel.

«Was ist das?» fragte der Esel.

«Hochwichtige Leute, die Geschenke bringen», sagte das Kamel.

Der Esel dachte, die Geschenke seien vielleicht was Gutes zum Essen, und als es dunkel wurde, schnupperte er daran herum. Aber das erste Geschenk war gelb und hart und ohne Geschmack, das zweite brachte den Esel zum Niesen, und als er am dritten leckte, schmeckte es ekelhaft und bitter.

«Was für blödsinnige Geschenke», brummte der Esel enttäuscht. Aber als er so neben der Krippe stand, streckte das Neugeborene seine kleine Hand aus, faßte ein Ohr des Esels und hielt es fest, wie kleine Kinder das tun.

Da passierte etwas ganz Merkwürdiges: Der Esel hatte auf einmal keine Lust mehr, unfolgsam zu sein. Zum erstenmal in seinem Leben wollte er brav sein. Und er wollte dem Kind ein Geschenk machen, aber er hatte nichts zu verschenken. Das Kind schien sein Ohr zu mögen, aber das

Ohr war ja ein Teil von *ihm*. Da hatte er eine merkwürdige Idee: Vielleicht konnte er *sich selbst* dem Kind schenken?

Kurz darauf kam Joseph mit einem hochgewachsenen Fremdling herein. Der Fremde sprach eindringlich auf Joseph ein, und als der Esel die beiden anstarrte, traute er kaum seinen Augen!

Der Fremde schien sich aufzulösen, und an seiner Stelle stand ein Engel des Herrn, eine goldene Gestalt mit Flügeln. Aber gleich darauf verwandelte sich der Engel in einen Mann zurück.

«Du liebe Zeit, ich sehe Gespenster», sagte der Esel zu sich. «Das muß von all dem Heu kommen, das ich gefressen habe.»

Joseph sprach mit Maria.

«Wir müssen das Kind nehmen und fliehen. Es ist keine Zeit zu verlieren.» Sein Blick fiel auf den Esel. «Wir nehmen den Esel hier und lassen das Geld für seinen Besitzer zurück. So gewinnen wir Zeit.»

Und so zogen sie auf die Straße, die von Bethlehem wegführte. Aber als sie an eine enge Stelle kamen, versperrte ihnen ein Engel des Herrn mit einem flammenden Schwert den Weg, und der Esel, der ihn als einziger sah, wandte sich seitwärts und begann den Hügel hinaufzuklettern. Joseph versuchte, ihn auf die Straße zurückzuzerren, aber Maria sagte: «Laß ihn. Denk an den Propheten Bileam.»

Denn hatte nicht Bileams Eselin ihren Herrn vor dem Verderben gerettet, weil sie störrisch ihren eigenen Weg einschlug?

Und gerade als sie im Schutz einiger Olivenbäume angelangt waren, kamen mit gezogenen Schwertern die Soldaten des Königs Herodes die Straße heruntergesprengt.

«Genau wie bei meiner Urgroßmutter», sagte der Esel,

äußerst zufrieden mit sich. «Nimmt mich nur wunder, ob ich nun auch in die Zukunft sehen kann.»

Er blinzelte mit den Augen – und sah ein verschwommenes Bild: einen Esel, der in eine Grube gefallen war, und einen Mann, der half, ihn herauszuziehen . . .

«Na, so was, das ist ja mein Herr als erwachsener Mann», sagte der Esel. Dann sah er ein anderes Bild: denselben Mann, der auf einem Esel in eine Stadt ritt . . . «Natürlich», sagte der Esel. «Er wird zum König gekrönt!»

Aber die Krone schien nicht aus Gold, sondern aus Dornen zu sein. Der Esel liebte zwar Dornen und Disteln, aber für eine Krone erschienen sie ihm doch unpassend. Und dann war da noch etwas auf einem Schwamm, bitter wie die Myrrhe, an der er im Stall geschnuppert hatte . . .

Und der kleine Esel wußte plötzlich, daß er nicht mehr in die Zukunft sehen wollte. Er wollte nur in den Tag hinein leben, seinen kleinen Herrn lieben und von ihm geliebt werden und ihn und seine Mutter sicher nach Ägypten tragen.

AGATHA CHRISTIE

Neue Bildungen, der Natur vorgeschlagen

Der Ochsenspatz
Die Kamelente
Der Regenlöwe
Die Turtelunke
Die Schoßeule
Der Walfischvogel
Die Quallenwanze
Der Gürtelstier

Der Pfauenochs
Der Werfuchs
Die Tagtigall
Der Sägeschwan
Der Süßwassermops
Der Weinpinscher
Das Sturmspiel
Der Eulenwurm
Der Giraffenigel
Das Rhinozepony
Die Gänseschmalzblume
Der Menschenbrotbaum

CHRISTIAN MORGENSTERN

Der Löwe und der Elefant

Trotz all seiner Kraft und all seinem Mut hat auch der Löwe eine Schwäche: Er kann das Krähen eines Hahnes nicht ertragen; sobald er es hört, rennt er feige davon.

Nun war einmal ein Löwe, der sich dieser Schwäche bitter schämte. «Ach, Jupiter», seufzte er, «warum hast du mich mit diesem Fehler geschaffen?»

«Ich habe dich sehr gut ausgestattet; und es ist nicht meine Schuld, daß ihr Löwen euch vor den Hähnen fürchtet», entgegnete Jupiter, «tröste dich damit, daß kein Geschöpf auf Erden ganz vollkommen ist!»

Der Löwe jedoch konnte sich nicht damit trösten. Schwermütig ging er in der Wüste umher; schließlich geriet er so außer sich, daß er den Gedanken faßte, seinem Leben ein Ende zu machen.

Gerade als er auf dem Wege war, sich ins Meer zu stürzen, begegnete er einem Elefanten. Merkwürdig, dieses große Tier stand ängstlich da und stellte beide Ohren auf, als horche es gespannt auf ein Geräusch.

«Ist eine Gefahr im Anzug, daß du so aufmerksam lauschst?» fragte der Löwe.

«Siehst du denn nicht diese Mücke dort, die summend über meinem Kopfe herumfliegt?» antwortete ächzend der Elefant, «ich fürchte mich so sehr davor, daß sie in mein Ohr schlüpfen könnte! Wenn sie hineinkommt und mich da drinnen sticht, bin ich sicher verloren!»

«Oh!» rief der Löwe und sah sehr erfreut aus. «Jetzt brauche ich mich nicht mehr zu schämen, daß mich ein Hahn erschrecken kann», dachte er vergnügt. «Dieser ungeheure Dickhäuter fürchtet sich ja vor einer Mücke – ein Hahn ist aber zehntausendmal größer als eine Mücke!» Er hatte wahrhaftig keinen Grund mehr, schwermütig zu sein!

AESOP

Tod der Illusion

Man hat gesagt, nichts sei trauriger als der Tod der Illusion. Für mich war der Tod eines Hasen, eines kleinen Vogels, war der Tod eines jeden Tieres, das ich sterben sah, unendlich trauriger als der Tod aller Illusionen, die ich hatte.

KARLHEINZ DESCHNER

Euch, ihr umbrischen Ziegen, muß ich ein Lied singen. Tagelang habt ihr mir die Menschen ersetzt.

Es gibt aber auch nichts Unabhängigeres als euch. Ihr rupft das Gras aus einem griechischen Marmor und kümmert euch nicht, daß ein Cäsar darunter schläft und ein anderer Cäsar darauf im knappsten Latein ein Distichon schrieb. Ich sah euch zu Orvieto bis in den schönsten Dom Italiens eure Kapriolen treiben.

Oh, ihr habt keinen Respekt! Aber das steht euch gut an. So ungeniert möchte mancher Zweibeinige sein.

Aber ihr seid auch die geselligsten und menschlichsten Vierbeiner. Gleich tragt ihr uns Schmollis an und plaudert so naiv und witzig die Geheimnisse eurer Ziegenseele aus, daß auch wir nicht anders können und grad oder ungrad unser Herz auch euch ausschütten.

Ihr antwortet sogleich, und es wirkt ermutigend auf uns. Es klingt wie: «Nur nicht gleich alles so ernst nehmen, kleiner Mensch! Es geht schon, es geht schon. Gib nur nichts auf! Und dann wieder lustig meckern!» Ungefähr diese schöne, gesunde Lebensweisheit liegt in euerem Zuspruch.

Oft bin ich stundenlang allein durch weltferne umbrische Täler gelaufen. Der Weg ging aus, und es ward immer einsamer. Und mir lag die Warnung unserer Reisebücher im Ohr: Gib acht, Abruzzen, Räuber, Totschlag! . . . Da ward es mir unheimlich zumute. Besonders, weil es rechts und links in den Höhen so öde war, als sitze der Tod dort oben auf den Steinen. Und weil es hier unten so eng und schattig war und manchmal hinter mir raschelte, wie von einem versteckten Banditen oder einem giftigen Wurm. Franz von Assisi hat dann ja freilich in seinem heiligen Leichtsinn ein

Lied gepfiffen. Ich versuche auch zu pfeifen ... aber aus Angst. – Plötzlich ... der Himmel weiß, woher ... steht eine Ziege vor mir mit ihrer harten, gerechten, frommen Stirne, ihren tapfern Hörnern und ihren heillos spaßigen Augen und meckert mich leutselig an. Von meiner Brust fällt ein wahrer Berg, und ich rede sie im schönsten Italienisch an, das ich weiß: Ich grüße dich, meine hübsche, liebe, kleine Ziege! – Und ich streichle ihren steilen Rücken, und da folgt sie mir plaudernd, aber immer zur Linken, aus lauter italienischer Höflichkeit. «Wo kommst du her, bella mia?» frag ich. «Von dort oben, Signore, im Schlupf San Carlo bin ich daheim.» – «Und fürchtest du Fremdlinge nicht?» fahr ich weiter. Da schaut sie mich spöttisch an und meint: «Ach was, hast du denn nicht eben noch gepfiffen? Du bist doch ein völlig harmloses Geschöpf.» – «Das bin ich, da hast du recht, liebe Ziege. Und ich bitte dich geradezu, bleib nur hübsch bei mir. Es wird mir unheimlich ganz allein in dieser Gegend!» – «Ich bleib schon, nur keine Angst, Pellegrino! Ich hab es gern, wenn Menschen mit mir wie mit ihresgleichen reden. Du sprichst zwar ein holperiges Italienisch. Aber ich versteh dich zur Not doch. Fahr nur fort!» Nun betracht ich meine Begleiterin erst recht genau und sehe, wie menschlich sie mich anblickt und wieviel Ausdruck in ihrem Meckern liegt, wie sie die Substantiva so gut betont und die Zeitwörter so famos moduliert und dem Satz immer einen so freundlichen ernsten Tonfall gibt, daß es fast wie eine Stanze aus Tasso klingt.

«Aber liebes, horngeschmücktes Wesen! Wo find ich heut abend Unterkunft? Wo treff ich gute Menschen?» – «Folg nur mir, amico! Ich gehe ja auch zu meinen Hirten. Sie sind ein wenig mißtrauisch, halb Phlegmatiker, halb Melancholiker, wie alle Bergleute. Aber das macht nichts! Wenn sie sehen, daß ich bei dir bin und so lustig mit dir plaudere, dann denken sie, wir seien Geschwister, und nehmen dich wie meinesgleichen auf.» – «Tausend Dank, Signorina – oder muß ich sagen: Signora?» – «Signora», antwortete die Geiß mit Mutterwürde. «Also, Signora; aber sieh, ich hab doch ein bißchen Angst. Es steht da allerlei Übles in den Büchern über eure Abruzzen.» – «Überlaß das alles doch nur mir, Pellegrino – Die Bücher? Ach, Dummheiten!» Voll Verachtung hob die Ziege den Schwanz ein wenig . . .

Und so trippelt sie immer neben mir und immer links, streift ab und zu den Bart an mir ab, zupft eine Kresse vom Ranft, riecht an meiner Hand, bettelt mich an und stiehlt mir auch etwas aus der Tasche wie eine richtige rechtschaffene Italienerin und sagt dazu: Danke schön! und bettelt und stiehlt wieder und erzählt daneben viel aus diesem hohen Hirtenland. Der Winter sei naß und kalt, und man hocke zusammen. Aber beim ersten warmen Wind gehe es in die Höhen. Auf einmal schießt da alles Kraut hervor. Man weiß nicht, wo anfangen und wo aufhören. Die jungen Zicklein überfressen sich regelmäßig, man kann warnen, wie man will. Weiter hinten gibt es noch etwa einen Wolf. Dort treten wir immer zu vieren oder fünfen auf und stehen hart zusammen und halten die Hörner vornüber, daß der Bengel nichts wagt. Ahi, Signore, das war einmal köstlich in Benozzio oben. Dort waren unser nur drei, ich, als junges Geißlein, eine Tante von mir und mein Onkel. Wir nennen ihn nur Barbone, weil ihm der Bart bis an den Boden reichte. Als wir den Wolf rochen, wies uns der alte Bock an, stille zu stehen und wenn der Kerl angreife, durchaus neutral zu bleiben. Er wolle das allein ausmachen. Er würde sich doch ewig schämen, eine ehrenwerte Dame und ein Kind als Rekruten zu brauchen. Nun kam der große, aschgraue Wolf wirklich. Zitternd sahen wir dem tapferen Onkel zu, wie er mit gesenktem Kopf dem Scheusal direkt ins Maul schoß, es überwarf, hornte, zurückwich, wieder vorschoß und wieder hornte, stach und vollboxte, so daß der Wolf gar nie zu Atem kam und in der ersten Pause, die ihm Barbone gewährte, schleunigst davonhumpelte. – Das war droben am Monte Benozzio, Signore! Man spricht noch heut davon, eine prachtvolle Geschichte. Barbone gehörte eigentlich in die Schulbücher, so gut wie Garibaldi.

«Prächtig, aber bitte, gibt es hier kein Wasser? Ich habe schrecklichen Durst.»

«Ah, ihr Menschen, povera gente! Immer habt ihr Durst oder Hunger, eins von beiden müßt ihr haben. Ohne Zweifel, ihr seid alle am Magen krank. Ei, wenn ihr so einen soliden Ziegenmagen hättet, ihr gäbet, glaub ich, euer Lesen, Schreiben und Rechnen daran.»

«All das Gelump, jawohl, meine Schwester, wenn ich jetzt nur einen Schluck Wasser hätte –»

«Geduld, in einer Viertelstunde kommt die Rivola Mazza, so ein Tröpflein, weißt du, gerade genug für uns zwei.»

«Danke, das freut mich. Aber erzähle weiter. Ich vergesse den Durst dabei. Was hast du noch für Freunde hier?»

«Hm, da gibt es noch Murmeltierchen, Schweinchen, Schafe, Hasen und Füchse –»

«Erzähl mir davon, Signora!»

«Mit den Murmeltierchen kommen wir gut aus. Nur sind sie gar zu scheu und trauen keiner Seele auf drei Schritte. Sie besitzen keine Umgangsformen mehr, und wir könnten es wirklich nicht riskieren, sie in eine bessere Gesellschaft mitzunehmen. Schade, es sind sonst gute und fromme Tierchen!»

«Und die Schafe, Signora?»

«Das sind natürlich unsere nächsten Vettern. Aber diese Schafe, per bacco, die ihr als unschuldige und geduldige Lämmer andudelt, ich danke, das sind auch unsere größten Neider! Und dumm wie Polenta! Stets wollen sie besser sein als wir, und ihr letzter Trumpf ist immer der Spruch: Schafsbraten sei besser als Ziegenbraten. Sie haben kein Ehrgefühl. Wer redet von seinem eigenen Braten? – Und was die Hasen betrifft, so sind es liebe, aber leichtsinnige Narren. Wir können sie lange warnen: Bleibt daheim, es ist eine Flinte unterwegs! Dummheit, wenn es nach Kohl oder Rüben bei uns riecht, so kommen sie eben.

«Du bist ungemein kurzweilig, Signora», sage ich erleichtert, «und erzählst fast so saftig wie Boccaccio. Und du beobachtest, das merkt man gleich. Bitte weiter, was ist denn mit den Füchsen los?»

«Pfui, mit diesem Vieh wollen wir nichts zu schaffen haben. Es ist falscher als Katzen. Aber wir haben unser Reglement. Heute glauben wir dem Fuchs genau das Gegenteil von dem, was er spricht. Er merkt das und wechselt. Also glauben wir morgen das Gegenteil vom Gegenteil. Und übermorgen vom Gegenteil des Gegenteils das Gegenteil, davvero!»

«Potztausend, Signora, ihr seid ja große Philosophen!»

«Ist nicht so gefährlich, Signore. Aber man kann doch nicht immer Kapriolen treiben. Herr, es gibt auch knappe Zeiten. Man ist froh um jede Distel. Da liegt man in den Steinen und kaut und kaut wieder. Und da kommen einem so Gedanken an allerlei tiefe Sachen. Man studiert und philosophiert, was zum Beispiel in Grund und Wahrheit der Hunger sei. Ist er etwas Reales und Positives oder ist er etwa nur ein Negativum oder ist er überhaupt gar nichts? – Pellegrino, darüber hab ich schon ganze Nachmittage auf dem

Monte Benozzio philosophiert. Ich höre, daß eure Philosophen . . . das heißt, nur die hellern . . . an einen Tierhimmel glauben. Corpo di bacco, ob wir da auch hineinkommen? Wir mit unsern Hörnern? Attenzione, wenn ihr Menschen trotz Krieg und Lügen und Idealen hineinkommt, dann auch wir Ziegen, wenigstens in einen Tierhimmel! Was meinst du, Signore?»

Ich denke heimlich: Nein, so ein Unsinn. Aber laut sag ich: «Das könnte ja allenfalls so sein mit dem Geißenhimmel –»

«Zitto, Zitto, Signore, ich seh dir an, du glaubst nicht daran. Dann lüg mir aber auch nichts vor!»

«Caprina!» wollte ich beschwichtigen.

«So seid ihr Menschen. Auf Erden soll euch alles gefallen und dienen. Und den Himmel wollt ihr erst recht allein für euch. Das ist nicht edel. Was haben wir euch denn zuleid getan?»

«Caprinellina! Ich werde wahrhaft froh sein, dich irgendwo im Himmel oder doch im Vorhimmel zu treffen . . .»

«Basta, Signore, basta! Aber da ist noch etwas anderes. Manchmal, wenn ich durch unsere Gassen tripple, etwa um Ostern, dann steigt mir etwas in die Nase. Oh, entsetzlich, ihr Menschen habt wieder einen Mord begangen. Nicht genug, daß ihr Sünder einander tötet, ihr mordet auch uns Unschuldige. Ihr redet von Bratenduft. Mir ist es Gestank und Verbrechen. Ich renne, renne bergan, bis ich ganz oben im Fels bin. Und da geht das Philosophieren wieder an. Ich denke ans Messer! Seht, Herr, wie ich zittere! Es steht mir auch bevor – still, still, ich weiß es besser. Aber warum? Was haben wir euch zuleid getan, daß ihr uns so behandelt? Milch gaben wir euch und junges Vieh. Könnt ihr nicht warten, bis wir von selbst sterben? Dann zieht uns Haut und Hörner ab, meinetwegen! Aber warum uns im schönsten Wohlsein töten?»

Das hübsche, leichtbeinige, strahlende Tier zu meiner Linken sah mich unendlich vorwurfsvoll an. Ich wollte es trösten. Aber wie? Wie oft hab ich selbst Ziegenbraten gegessen . . .

«Caprina», sag ich und streichle den steilen Rücken, «wir müssen doch alle einmal den Weg alles Flei . . .»

«Schweigt, Signore, jetzt werdet ihr abgeschmackt. Das ist wieder so ein Gemeinplatz. – Aber horcht, die Rivola Mazza! – Wasser – Kommt schnell!»

Wir sogen beide am dünnen Faden Wasser, der da aus einem Kalkstein rann, und vergaßen darüber Tod und Philosophie. Dann trabten wir weiter selbander.

So sind die Ziegen in den Apenninen, ein Völklein voll Spaß und Ernst, voll Klatsch und Philosophie, gleich groß an Verstand und an Herz.

Am Abend fand ich im Bergdorf Osterur kein Wirtshaus und ging zum Pfarrer und fragte, ob er mir etwas Minestra und Wein und hernach eine Matratze zum Schlafen geben könne.

Da sagte der gastliche Mann: «Vuole capra? Wollen Sie Ziegenbraten?»

«Pst, pst!» flüsterte ich schnell. «Nicht so laut! . . . Da unten!» – und ich zeigte in den verwilderten Garten, wo etliche Ziegen weideten. Mir war, sie könnten es hören.

Dann . . . o ich Unmensch . . . aß ich doch capra. Der Braten war sehr gut! Aber mein Gewissen war sehr schlecht. Aus jedem Bissen hörte ich es leis und fein klagen: «Signore, was habe ich dir zuleid getan?»

HEINRICH FEDERER

Geschichte von der Entensuppe

Zu Naszr ed Din Hodscha, dem türkischen Eulenspiegel, kam einmal ein Verwandter vom Lande und brachte ihm eine Ente. Naszr ed Din freute sich darüber sehr, ließ eine köstliche Entensuppe kochen und erlabte sich daran mit seinem Gast.

Bald darauf kam wieder ein Besucher. Er sei, sagte er, ein Freund des Mannes, der Naszr ed Din die Ente geschenkt habe. Auch er wurde zur Suppe eingeladen.

Das geschah mehrmals. Naszr ed Dins Haus wurde allmählich ein Restaurant, in dem alle möglichen Leute vom Lande einkehrten. Jeder war ein Freund des Entenspenders um einige Ecken herum.

Schließlich war Naszr ed Din verzweifelt. Eines Tages wurde wieder an die Tür geklopft, und ein Fremder erschien. «Ich bin der Freund von dem Freund von dem Freund von dem Manne, der dir die Ente vom Lande mitgebracht hat», erklärte er.

«Komm herein», sagte Naszr ed Din.

Sie setzten sich an den Tisch, und Naszr ed Din bat seine Frau, die Suppe zu bringen.

Als der Gast sie kostete, schien sie nichts weiter als warmes Wasser zu sein. «Was für eine Suppe ist das?» erkundigte er sich.

Naszr ed Din antwortete: «Das ist die Suppe von der Suppe von der Suppe von der Ente.»

NASZR ED DIN

Was wäre unser Leben ohne Musik . . .

Kürbiscremesuppe

400 Gramm Kürbisfleisch, ½ feingehackte Zwiebel, 100 Gramm gemischtes Gemüse (gelbe Rüben, Lauch, Sellerie) kleingewürfelt, 1 Liter Hühnerbrühe, etwas Weißwein, Erdnußöl, Cayennepfeffer, Salz, ½ Deziliter Rahm, 50 Gramm Sonnenblumenkerne.

Kürbisfleisch in kleine Stücke schneiden und zusammen mit Gemüse und Zwiebel im Öl dünsten. Ablöschen mit Weißwein, auffüllen mit Hühnerbrühe. Auf kleinem Feuer 20 Minuten kochen. In dieser Zeit Sonnenblumenkerne in etwas Öl goldgelb rösten, abtropfen. Die Suppe durch ein Sieb streichen, erneut aufkochen lassen, würzen, den geschlagenen Rahm darunterziehen. Die angerichtete Suppe mit den Sonnenblumenkernen bestreuen.

Für 4 feinsinnige Eßkünstler.

Was wäre unser Leben ohne Musik!

Was wäre unser Leben ohne Musik! Es brauchen ja gar nicht Konzerte zu sein. Es genügt in tausend Fällen ein Tippen am Klavier, ein dankbares Pfeifen, Singen oder Summen oder auch nur das stumme Sicherinnern an unvergeßliche Takte. Wenn man mir, oder jedem halbwegs Musikalischen, etwa die Choräle Bachs, die Arien aus der Zauberflöte und dem Figaro wegnähme, verböte oder gewaltsam aus dem Gedächtnis risse, so wäre das für uns wie der Verlust eines Organs, wie der Verlust eines halben, eines ganzen Sinnes. Wie oft, wenn nichts mehr helfen will, wenn auch Himmelsblau und Sternennacht uns nimmer erfreuen und kein Buch eines Dichters mehr für uns vorhanden ist, wie oft erscheint da aus Schätzen der Erinnerung ein Lied von Schubert, ein Takt von Mozart, ein Klang aus einer Messe, einer Sonate und leuchtet hell und rüttelt uns auf und legt uns Liebeshände auf schmerzliche Wunden . . . Ach, was wäre unser Leben ohne Musik!

HERMANN HESSE

Wind und Geige

Drinnen im Saal eine Geige sang,
sie sang von Liebe so wild, so lind.
Draußen der Wind durch die Zweige sang:
Was willst du, Menschenkind?

Drinnen im Saale die Geige sang:
Ich will das Glück, ich will das Glück!
Draußen der Wind durch die Zweige sang:
Es ist das alte Stück.

Drinnen im Saale die Geige sang:
Und ist es alt, für mich ist's neu.
Draußen der Wind durch die Zweige sang:
Schon mancher starb an Reu.

Der letzte Geigenton verklang;
die Fenster wurden bleich und blind;
aber noch lange sang und sang
im dunklen Wald der Wind . . .

Was willst du, Menschenkind . . .

CHRISTIAN MORGENSTERN

Meister wollen studiert sein

Wenn du spielst, kümmere dich nicht darum, wer dir zuhört. Spiele aber immer, als hörte dir ein Meister zu.

Urteile nicht nach dem Erstenmalhören über eine Komposition. Was dir im ersten Augenblick gefällt, ist nicht immer das Beste. Meister wollen studiert sein. Vieles wird dir erst im höchsten Alter klar werden. Fängst du an zu komponieren, so mache alles im Kopf. Die Finger müssen machen, was der Kopf will, nicht umgekehrt. Verlieh dir der Himmel eine rege Phantasie, so wirst du in einsamen Stunden wohl oft wie festgebannt am Flügel sitzen, in Harmonien dein Inneres aussprechen wollen. Der Jugend glücklichste Stunden sind diese. Hüte dich indessen, dich zu oft einem Talent hinzugeben, das Kraft und Zeit gleichsam an Schattenbilder zu verschwenden dich verleitet. Die Beherrschung der Form, die Kraft klarer Gestaltung gewinnst du nur durch das feste Zeichen der Schrift. Schreibe also mehr, als du phantasierst.

ROBERT SCHUMANN

Man müßte ...

Man müßte wenigstens täglich ein gutes Gedicht lesen, ein schönes Gemälde sehen, ein sanftes Lied hören, um auch den schöneren, den menschlicheren Teil unseres Wesens zu bilden.

HEINRICH VON KLEIST

Ich bade in der Musik

Wenn ich als Kind krank war und zu sterben fürchtete – meine Angst von jeher, die ich dann so recht verlernt habe, und das danke ich ein wenig auch den Musikern –, so wachte irgendeine Melodie von Mozart an meinem Kissen. Ich hätte sterbend meine Hand in der ihren fühlen wollen, ich hätte gewollt, daß man mich mit ihr begrabe. Später, in den Krisen des Zweifels, die ich als Jüngling durchmachte, hat eine Melodie von Beethoven, die ich noch gut weiß, in mir den Funken des Lebens wieder erweckt. Noch später, als ich hart um mein Leben kämpfte, habe ich an gewissen Sonntagen, wo ich müde, traurig, niedergedrückt war, die feindliche Gleichgültigkeit der zermürbenden Welt auf mir lasten fühlte, in den Konzerten, in den Werken Wagners eine riesenhafte, freudige Kraft geschöpft, die mich durch die Welt hätte wandern lassen. Und immer, jeden Augenblick, wenn ich das Herz matt und den Geist verdorrt fühle, habe ich mein Klavier nahe, und ich bade in der Musik. Und immer gehe ich daraus jung hervor, im Herzen erfrischt, rein, erfüllt von Bildern und Hoffnungen.

ROMAIN ROLLAND

Zum Lobe der Musica

Der schönsten und herrlichsten Gaben Gottes eine ist die Musica, der ist der Satan sehr feind, damit man viel Anfechtung und böse Gedanken vertreibet, der Teufel erharret ihr nicht.

Musica ist der besten Künsten eine. Die Noten machen den Text lebendig. Sie verjagt den Geist der Traurigkeit, wie man am König Saul siehet.

Musica ist eine halbe Disziplin und Zuchtmeisterin, so die Leute gelinder und sanftmütiger machet, ja sittsamer und vernünftiger. Die bösen Fiedler und Geiger dienen dazu, daß wir sehen und hören, wie eine feine gute Kunst die Musica sei. Denn Weißes kann man besser erkennen, wenn man Schwarzes dagegenhält.

Musicam habe ich allezeit liebgehabt. Wer diese Kunst kann, der ist guter Art, zu allem geschickt.

Es fließt mir das Herz über vor Dankbarkeit gegen die Musik, die mich so oft erquickt und aus großen Nöten errettet hat.

Ich will von Herzen gerne diese schöne und köstliche Gabe Gottes, die freie Kunst der Musik, hoch loben und preisen. So finde ich, daß diese einen so vielfältigen und großen Nutzen hat und eine so herrliche und edle Kunst ist, daß ich nicht weiß, wo ich sie zu loben anfangen oder aufhören soll oder auf welche Weise und Form ich sie so loben möge, wie sie zu Recht zu loben und von jedermann teuer und wert zu achten ist, und ich werde mit der reichen Fülle dieser Kunst so überschüttet, daß ich sie gar nicht genug erheben und loben kann. Denn wer kann alles sagen und anzeigen, was hiervon müßte geschrieben und gesagt werden?

Nichts auf Erden vermag mehr, Traurige fröhlich, Fröhliche traurig, Verzagte beherzt zu machen, Hochmütige zur Demut zu reizen, hitzige und übermäßige Liebe zu beruhigen und zu dämpfen, Neid und Haß zu vermindern (wer könnte alle Bewegungen des menschlichen Herzens aufzählen, welche die Leute regieren und zu Tugend oder Laster reizen und treiben) – nichts, sage ich, vermag mehr, solche Bewegungen des Gemüts im Zaum zu halten und zu regieren, als die Musik.

MARTIN LUTHER

Alles vergeht

Alles vergeht, doch die Kunst
erfreut und erhebet den Menschen;
wenn er längstens nicht mehr,
zeugt sie noch rühmlich von ihm.

KÖNIG LUDWIG I. VON BAYERN

Musik ist besser als Menschenwort

Wenn ich in den letzten Jahren die Musik nicht gehabt hätte, wie hätte ich alles tragen sollen! Zuerst nach einem schweren Schlag meint man freilich, man könnte nicht einen Ton vertragen, und tippt nur zaghaft eine Taste nach der andern an, bis der Akkord sich bildet, und schließlich die vollen Melodien das wunde, müde Herz in den Schlaf singen. Musik ist besser als Menschenwort.

FELICITAS ROSE

Sprache der Natur

Die Musik ist allgemeine Sprache der Natur; in wunderbaren, geheimnisvollen Anklängen spricht sie zu uns, vergeblich ringen wir danach, diese in Zeichen festzubannen, und jenes künstliche Anreihen der Hieroglyphe enthält uns nur die Andeutung dessen, was wir erlauscht.

E. T. A. HOFFMANN

Auf der Golden Gate Bridge

Ich gehöre zu den wenigen Menschen, die die Golden Gate Bridge in San Francisco zu Fuß überquert haben. Woher ich das weiß? Von einer Persönlichkeit, deren Zeugenschaft über jeden Zweifel erhaben ist: von Mr. Armistice Happyweather Under-the-bridge-Peabody, dessen Name beinahe so lang ist wie die Brücke selbst. In jenen Tagen, als ich Mr.

Peabody kennenlernte, durfte man noch unkontrolliert einen schmalen Metallgittersteg benützen, der sich auf der gesamten Länge von drei Kilometern die Brücke entlangzieht. Dort ging ich nach einer *Barbier*-Probe eines Nachmittags spazieren, bewunderte die raffinierte Tragkonstruktion, genoß die Aussicht, guckte über das Geländer in die Tiefe und in die Schornsteine der vorüberziehenden Dampfer. Als ich mich zum Weitergehen wandte, versperrte mir ein untersetzter Mann den Weg. In seiner Rechten hing ein Farbkübel, hinter einer randlosen Brille prüften mich zwei skeptische, aber nicht unfreundliche Bernhardineraugen.

«Takin' the view in, Mister?» fragte er. «Gucken sich die Aussicht an?»

«Yes, lovely!» antwortete ich. «Ich will vom einen Ende dieser Brücke zum andern rübergehen.»

«Wollen Sie . . . Mister, soso, einfach da rübergehen . . .»

«Freilich, wieso nicht?»

«That's dandy!» Der Maler lüftete seine Kopfbedeckung, eine Mischung zwischen Baseball- und Fabrikmütze, knallrot, da stand «Shell» drauf oder was Ähnliches, kratzte sich am Kopf, setzte die Mütze wieder auf. «Lots o'folks them's comin' for other reasons . . .» – «Menge Leute, die kommen aus andern Gründen.»

Ich sagte: «Die wollen sich die Aussicht ansehen.»

«Yep! Lieben die Aussicht. Sagen alle, sie kämen, sich die Aussicht anzusehen.»

Ich musterte mein Gegenüber. Was wollte der von mir? War der nicht ganz dicht? Man hatte mich vor solchen Leuten gewarnt, die liefen hier massenweise herum. Aber die stämmige Erscheinung im biederen Denim-Overall machte einen durchaus vernünftigen Eindruck. Und war tadellos rasiert. «Wohnen in Frisco?» fragte er mich.

«Nein, ich bin von Germany.»

«Dachte mir's. Kannte einen Kollegen. Sprach genau wie Sie. Johann Kargerer. Kennen ihn vielleicht?»

«Nein, hatte noch nie das Vergnügen.»

«Wegen eurer Sorte hab ich meinen Namen bekommen. Yep! Armistice Happyweather Under-the-bridge Peabody. Armistice, weil ich am ‹Armistice-day› geboren bin, am 11. November 1918. Yep! Happyweather, weil damals am Waffenstillstandstag die Sonne schien, und Under-the-bridge, weil ich unter 'ner Brücke zur Welt kam. Bei Eau Claire, Wisconsin. Aber nennen Sie mich Arm.»

'ne ulkige Nummer! dachte ich. «Und ich bin Hermann Prey. Aus Munich. Aber nenn mich einfach Herm.»

«Nett, dich kennenzulernen, Herm. Aber sag mal, willst du da wirklich spazierengehen? Weißt du, ich konnte schon manchem helfen, by golly! Und ob Sommer oder Winter, es ist ziemlich kalt im Wasser da unten.»

Da funkte es. «Good God! Du glaubst doch nicht etwa, daß ich ins Wasser springen will, Arm?»

«Sure do, Herm! Genau das. Die meisten sagen, sie kämen sich die Aussicht ansehen, aber daß mir einer sagt, er wolle hier spazierengehen, das ist neu. Yep! Das ist wirklich neu! Auf diese Idee ist bisher noch keiner gekommen.»

Ich mußte lachen. «Aber sag mal, Arm. Was in aller Welt sollte mich dazu bewegen, ins Wasser zu springen?»

«Das weißt du selber am besten. Jeder hat seine Gründe. Ich frage nicht danach. Du bist gut gebaut, Herm. Pfundiger Brustkasten. Boxer oder so was? Oder vielleicht Ringer? Harter Job, by golly, ich weiß. Würdest rasch fallen, glaub mir. Kommst so etwa bis zur Mitte, dann bist du schon k. o. Wie wenn Jack Dempsey oder Joe Louis an dir vorüberspaziert wäre. Den Aufprall merkst du nicht mehr.»

«Aber ich schwör's dir, Arm. Ich denke nicht daran zu springen.»

«Have a smoke.»

«Danke, Arm. Mit Vergnügen. Solange meine Frau nicht da ist.»

«Ah, hast 'ne Frau.»

«Ja, und drei Kinder.»

«Alle haben sie 'ne Frau und drei Kinder. Und lachen genau wie du, wenn ich ihnen auf den Zahn fühle. Aber sowie ich ihnen den Rücken kehr, sind sie fort. Hundert im Jahr. Manchmal mehr.»

«Was! Mehr als hundert!»

«Frißt der Golfstrom wie du dein Hot dog zum Lunch. Yep!»

So komme ich nicht weiter, dachte ich. Jetzt mußt du den Spieß umdrehen. «Sag mal, Arm. Wieso weißt du denn das alles so genau?»

«Arbeite hier. Ich und meine zwölf Kumpel. Streiche die Golden Gate. Setz mich in den Stahlkorb, beginne, wo du hergekommen bist, und hör auf, wo du sagst, daß du hin willst. Dann fang ich wieder von vorne an. Seit bald zwanzig Jahren. Aber nicht mehr lang.»

«Wieso? Springst du selber ins Wasser?»

«Nope. Laß mich pensionieren. Zieh mich nach Südkalifornien zurück. Dort hat's 'ne Menge Pensionierte. In Frisco wird einer entweder pensioniert oder gefeuert. Dann kommt er manchmal auf die Golden Gate. Aber von den zehntausend Kippern und rassigen Chevys, die da täglich vorüberflitzen, hält keiner an. Die haben nix gesehen.»

«Schau, Arm», sagte ich. «Was mich betrifft, bist du falsch gewickelt. Ich bin Sänger. Und Sänger lieben Bewegung und frische Luft.»

«Was! 'n Sänger?»

«Ja, Opera-Singer. Ich bin nach Frisco gekommen, um hier an der Opera zu singen.»

«Fine! Sing mir was aus *Oklahoma.*»

«Aus *Oklahoma* fällt mir gerade nichts ein. Aber ich sing dir was aus *South Pacific.* Kennst du *South Pacific*?»

«Hab schon davon gehört.»

«Also da gibt's 'nen hübschen Song drin. Nennt sich ‹Some Enchanting Evening›.»

Arm war begeistert. Er versuchte sogar, mitzusingen. «Gosh, Herm. Das hat mir gefallen! Wie sagst du, daß du dich nennst?»

«Hermann Prey.»

«Nein, ich meine, was du machst.»

«Opera.»

«Gee whizz! Das muß ich den Kumpeln erzählen. So was haben wir auf der Golden Gate noch nie gehabt. Opera! Komischer Beruf, den du da hast, Herm! By golly! Bist *du* 'ne spaßige Nummer! Geht auf der Golden Gate spazieren und singt Opera! Aber gosh darn it! 's hat mir gefallen. Könntest mal versuchen, ob sie dich nicht beim TV nehmen.»

«Das werd ich, Arm. Ich versprech's dir. Aber jetzt muß ich mich sputen. Sonst komm ich nie am anderen Ende an.»

«Nett, dich getroffen zu haben, Herm.»

«Ganz meinerseits, Arm.»

«Yep! Bist du 'ne ulkige Nummer. Hihi! Opera, hast du gesagt?»

«Yep! O-P-E-R-A!»

«Werd dich nie vergessen, Herm.»

«Nein, Arm. Ich dich auch nicht.»

HERMANN PREY

Unvergleichliche Wonne

Beim Anhören gewisser Musikstücke scheinen gleich anfangs meine Lebensgeister sich zu verdoppeln; ich empfinde eine unvergleichliche Wonne, welcher alle Verstandesklügelei nichts anhaben kann.

HECTOR BERLIOZ

Antworten

Merkwürdig! Wenn ich Musik höre – auch während des Dirigierens –, höre ich oft ganz bestimmte Antworten auf alle meine Fragen – und bin vollständig klar und sicher. Oder eigentlich, ich empfinde es ganz deutlich, daß es gar keine Fragen sind.

GUSTAV MAHLER

Der taktlose Dirigent

Ein reicher Mann beschloß, sich einen lebenslangen Traum zu erfüllen, nämlich ein Orchester zu dirigieren. Also mietete er einen Schlagzeuger, drei Saxophonisten und vierundzwanzig Geiger. Bei der ersten Probe dirigierte er so schlecht, daß der Schlagzeuger die anderen Musiker aufforderte, gemeinsam die Probe zu verlassen.

Aber einer der Saxophonisten sagte: «Warum sollen wir gehen? Er bezahlt uns gut. Und außerdem muß er doch irgend etwas von Musik verstehen.»

Bei der nächsten Probe konnte der Dirigent nicht Takt halten. Daraufhin begann der Schlagzeuger wie wild die Trommel zu schlagen. Der Dirigent klopfte ab, blickte die Musiker wütend an und fragte: «Wer war das?»

Der Ton einer Hand

Der Meister des Kennin-Klosters war Mokurai, Stiller Donner. Er hatte einen kleinen Schützling namens Toyo, der erst zwölf Jahre alt war. Toyo sah, wie die älteren Schüler jeden Morgen und Abend das Zimmer des Meisters betraten, um im Sanzen Unterweisungen oder persönliche Anleitung zu erhalten, wobei sie Koan erhielten, um das Umherschweifen des Geistes zu unterbinden. Toyo wünschte sich ebenfalls Sanzen.

«Warte ein bißchen», sagte Mokurai. «Du bist zu jung.»

Aber das Kind beharrte auf seinem Wunsch, und so erfüllte der Lehrer ihn schließlich.

Am Abend trat der kleine Toyo zur entsprechenden Zeit auf die Schwelle zu Mokurais Sanzen-Raum. Er schlug den Gong, um seine Anwesenheit anzukündigen, verneigte sich achtungsvoll dreimal vor der Türe und setzte sich dann in respektvoller Stille vor dem Meister nieder.

«Du kannst den Ton zweier Hände hören, wenn sie zusammenklatschen», sagte Mokurai. «Nun zeig mir den Ton einer Hand.»

Toyo verneigte sich und ging in sein Zimmer, um über dieses Problem zu meditieren. Von seinem Fenster aus konnte er die Musik der Geishas hören. «Ah, ich habe es!» rief er.

Am nächsten Abend, als sein Meister ihn aufforderte, den Ton einer Hand darzustellen, sang Toyo die Musik der Geishas.

«Nein, nein», sagte Mokurai. «Das ist nicht der Ton einer Hand. Du hast gar nichts erreicht.»

Toyo dachte, daß eine solche Musik ihn stören würde, und so suchte er sich seine Unterkunft an einem ruhigen Ort. Er meditierte weiter. «Was kann der Ton einer Hand sein?» Plötzlich hörte er das Geräusch von tropfendem Wasser. «Ich habe es», meinte Toyo.

Als er das nächste Mal vor seinem Meister erschien, ahmte Toyo das Tropfen von Wasser nach.

«Was ist das?» fragte Mokurai. «Das ist der Ton von tropfendem Wasser, nicht aber der Ton einer Hand. Versuche es noch einmal.» Vergebens meditierte Toyo, um den Ton einer Hand zu hören. Er hörte das Seufzen des Windes. Aber der Ton wurde zurückgewiesen.

Er hörte den Schrei einer Eule. Dies wurde ebenfalls abgelehnt.

Der Ton einer Hand kam auch nicht von den Heuschrekken.

Mehr als zehnmal suchte Toyo mit verschiedenen Tönen den Meister auf. Alle waren falsch. Fast ein Jahr lang suchte er zu ergründen, was der Ton einer Hand sein könnte.

Schließlich fand der kleine Toyo in die wahre Meditation, und er transzendierte alle Töne. «Ich konnte nicht mehr zusammenbringen», erklärte er später, «und so erreichte ich den tonlosen Ton.»

Toyo hatte den Ton einer Hand verwirklicht.

MOKURAI

Die Zigeunergeige

Mit viel Liebe und Eifer hatte ich in meinen freien Stunden das Geigenspielen so weit erlernt, daß man mir, wenn ich spielte, mit Vergnügen zuhören konnte.

Es war in Graz. In der grünen Steiermark hatte ich mich während der Winterstudienzeit mit einem klavierspielenden Bankbeamten und einem studierenden Cellisten zusammengetan. Unser Trio klappte vorzüglich, und jeden Donnerstag schwelgten wir in Kammermusik.

Ein besonderer Wunsch wollte mir damals nicht in Erfüllung gehen. Ich hätte um alles in der Welt gern eine bessere, möglichst italienische Geige besessen. Die Preise für derartige Instrumente waren aber so sündhaft hoch, daß es mir schon schwindlig wurde, wenn ich sie nur hörte. Auch ein mittelmäßiges Instrument wäre mir schon zu teuer gewesen. So blieb mir nichts anderes übrig, als auf eine günstige Gelegenheit zu warten. Inzwischen spielte ich auf einer Geige, die nicht gerade schlecht war und die ich schon seit sieben Jahren hatte. Ein gedruckter Zettel war darin, auf dem stand: «*Antonius Stradivarius Filius, Cremonensis Fecit † † †, Anno Domoni 1713 †.*» Also mit diesem Zettel war die Geige schon etwas wert, wenn sie auch aus einer böhmischen Fabrik stammte und ganze zehn österreichische Kronen gekostet hatte. Und schließlich, so dachte ich zu meiner Beruhigung, kommt es ja auch sehr darauf an, *wer* darauf spielt.

Etwas Geld hatte ich mir aus meiner Bergführerzeit vom Sommer her gespart. Ich konnte manchmal in ein gutes Konzert gehen oder in die Oper, ansonsten studierte ich alles, was notwendig war, um von der Technischen Hochschule möglichst bald loszukommen.

Wenn die grüne Steiermark schön ist, so ist Graz gerade

recht als ihre Hauptstadt. Große Parkanlagen und herrliche Barockbauten zieren diese alte Universitätsstadt. Im Winter sind die Alpen nahe; man kann von Graz aus nach Belieben Skitouren machen. Im Frühling und Sommer ist alles voll südlicher Sonne, voller Blüten und Saft.

In Graz wohnte ein drolliger Kauz, der Geigenbauer Palffner. Bei dem trafen wir musizierenden Studenten uns manchmal abends und plauderten über alte Geigen und Meister. Die Saiten kauften wir im Laden beim Palffner. Das Geigenbauen heimelte mich an, weil es mich an die Schnitzerwerkstätte des Vaters erinnerte.

Stets und alleweil spähte ich nach einer Gelegenheit aus, einmal eine alte Geige billig zu erwischen. Und ich hatte Glück!

Während ich durch die Herrengasse wandelte, schlenkerte drüben am anderen Trottoir ein verlotterter, schwarzbrauner Zigeuner daher. Er trug einen alten, verbeulten Geigenkasten unterm Arm. Ich blieb magnetisch angezogen stehen und schaute ihn fasziniert an. Er hatte dies wohl gemerkt, denn schnell reagierte er und kam schnurstracks auf mich zu. Ich war ein wenig verblüfft, auch verlegen. Aber schon fragte er mich, rasch den Geigenkasten öffnend, ob ich seine alte liebe Geige kaufen wolle. Seine Mutter sei in Triest gestorben, und er musse sofort hinfahren, habe aber kein Geld. Ich unterbrach ihn, gab ihm meine Adresse und sagte, er solle mich in zwei Stunden aufsuchen.

Mitten auf der Straße wollte ich nicht mit ihm verhandeln, da ich mich schämte.

Innerlich jubelnd ging ich eine Stunde lang spazieren und überlegte immer, ob die Geige wohl sehr alt sei, ob es vielleicht gar eine italienische sei und was sie wohl kosten würde.

Kaum war ich daheim, kam schon der Zigeuner. Ich sah auf den ersten Blick, daß das Instrument sehr gut gebaut war, die Form, die Schnecke, die F-Löcher, alles war schön geschnitten und harmonisch. Der Lack war alt und verstaubt und zeigte die typischen Sprünge alter Instrumente. Ich hatte allerdings das Empfinden, daß der Zigeuner den dunkelbraunen Lack etwas aufgefrischt hatte. Nur zwei Saiten waren aufgezogen.

Ich zog die fehlenden Saiten auf, spielte, war begeistert, ließ mir aber äußerlich nichts anmerken und fragte, was die Geige kosten solle. Der Zigeuner jammerte mit tieftraurigen melancholischen Augen, daß er das alte Familienstück hergeben müsse, und verlangte zweihundert Kronen.

Schnell rechnete ich den Stand meines Sparkassenbüchleins nach. Das Geld sollte eigentlich bis Weihnachten reichen. Dann bot ich ihm einhundertfünfzig Kronen. Er lehnte ab. Ich legte meinen neuen Lodenmantel dazu, weil es Winter war und er keinen hatte, einen Hut und zwei Selbstbinder und zwei Kragen, damit er in Triest nicht gar so abgerissen ankäme. Schließlich ging der arme Teufel. Am liebsten hätte ich ihm noch irgend etwas mitgegeben, weil er mir leid tat.

Nun besaß ich eine Zigeunergeige, die sang und klang wie Gold! Ich übte drei Stunden lang, um mich darauf einzuspielen. Abends hörten mir einige Kameraden zu, waren begeistert und nickten. Meister Palffner wird Augen machen, wenn er sieht, was ich da erobert habe. Den Preis würde ich ihm unter keinen Umständen nennen, oder höchstens mit einer angehängten Null.

Palffner hatte in Paris bei Grones, einem aus dem Grödnertal stammenden berühmten Meister des Geigenbauens, gelernt und verstand etwas.

«Na, Trenker, was bringen's denn da Schönes?»

«Eine alte Geign hab ich mir vorgestern von einem Zigeuner gekauft, etwas ganz selten Schönes an Ton und Form. Schauen Sie's nur mal an!»

Mit Kennermiene betrachtete Palffner das Streichinstrument, drehte es zweimal um die Achse, legte es sorgsam wieder in den Kasten und meinte, mich über die Brille anschauend: «Na, was haben's denn zahlt dafür?»

«Oh, das ist wohl nebensächlich, Herr Palffner, aber was sagen Sie zur Geige überhaupt?»

«Die Geige ist ganz nett, aber ich kann gar nichts sagen, bevor Sie mir net sagen, was Sie dafür zahlt haben!»

«Warum müssen's denn das unbedingt wissen?»

«Weil ich die Geige, die Sie da in Ihrem Kasten haben, vor drei Tagen einem Zigeuner gegen die seine umgetauscht habe. Sehn's», er drehte sich um und holte aus einem Glaskasten ein altes, dunkles Instrument, «das ist die Geige des Zigeuners, dem Sie die meine abgekauft haben. Also wert ist die Ihre dreißig Kronen. Gebaut habe ich sie und ein bißl auf alt hergerichtet auch, denn da schaut so ein Instrument doch interessanter aus, net wahr?

Nun müssen'S mir aber sagen, was Sie dem Zigeuner dafür gegeben haben. Hoffentlich hat er Sie nicht hereingelegt?»

Ich war sehr klein, schloß meinen Kasten zu, nahm meinen Hut und sagte: «Dank schön, Herr Palffner, für die gute Auskunft! Grüß Gott!» und stapfte, in tiefe Selbstbetrachtungen versunken, heimwärts in meine Studentenbude.

LUIS TRENKER

Abschiedssymphonie

Haydns Gönner, Fürst Esterhazy, hatte ihm als Dirigenten seines Privatorchesters gekündigt. Die Zeiten waren ihm zu teuer geworden. Nun komponierte der Meister für das Schlußkonzert ein besonderes Opus, die sogenannte Abschiedssymphonie, in der nach einem Adagio jedes Instrument ein Solo zu spielen und der Spieler darauf seine Kerze auszublasen und hinauszutragen hat. Zuletzt standen bei spärlichem Licht nur noch die beiden Gesichter einander gegenüber, der sparsame Fürst und der Dirigent, als letzterer auch noch seine Kerze auslöschte und der Fürst allein im Dunkeln saß. Das war eine anschauliche Lektion dafür, daß das Leben ohne das Licht der Kunst eine trübselige Sache sei. Der Fürst tastete sich im Dunkel zu Haydn, umarmte ihn und sorgte dafür, daß es bei diesem Schlußkonzert nicht blieb.

Tafelmusik

Wahre Musik, wie gediegenes Essen, nimmt den ganzen Menschen in Anspruch. Je besser das Essen, um so mehr zieht es die Aufmerksamkeit und das Interesse auf sich und von der Musik ab; je vortrefflicher die Musik, um so mehr stört sie das Essen. Eins davon ist immer zuviel. Eine schlechte Musik aber ist nicht nur überhaupt und überall zuviel, sondern erweckt entweder gar kein Interesse, und dann ist sie um so überflüssiger, oder sie ist so schlecht, daß einem vor Schmerz alle Eßlust vergeht, und dann ist sie geradezu zweckwidrig. Will man aber gar ein schlechtes Essen durch eine gute Musik übergolden, so würde kein Esser dadurch bestochen werden können, vielmehr das Unzulässige dieses Verfahrens mit gerechter Entrüstung zurückweisen.

Herr von Rumohr rät eine lärmende Tafelmusik da, wo lauter dumme und zum Mißverstehen, Auffahren und Übelnehmen geneigte Menschen miteinander essen; verwirft sie aber in allen übrigen Fällen als schädlich und störend. – Und doch ist nicht zu leugnen, daß gewisse leichte Musikgattungen viel zur Freude der Tafel beitragen können, z. B. um bei manchen Gastmählern des so lästigen und verfänglichen Redens überhoben zu sein. Auch könnte unter dem Schein einer lebhaften musikalischen Teilnahme und der dadurch gesetzten Selbstvergessenheit ein begabterer Esser vielleicht besser seine Rechnung finden, als ohnedies zulässig schiene. Auf diese Art würde zugleich am leichtesten zu erfüllen sein, wozu Sirach ermahnt: «Verwirre die Spielleute nicht, und wenn man Lieder singet, so rede nicht darein, und spare deine Weisheit bis zur andern Zeit.»

Obwohl ich mich meines Sommeraufenthaltes in Wien, wo ich kaum ein paarmal ohne Musik dinierte, mit Lust erinnere, darf ich doch die da gemachte Erfahrung nicht verschweigen, daß gerade die, die bei Musik am wenigsten denken und gar nicht wissen, was sie damit wollen, am meisten dafür begeistert sind.

Mozart wählte zur Tafelmusik im «Don Juan» sehr glücklich gar liebliche Stücke aus Martinis «Cosa rara», und es ist das wohl das Beste, welches in dieser Art nur gefunden werden mag. Der ebenso große Eß- als Tonkünstler Rossini hat in diesem Genre Vortreffliches geleistet. Sein Barbier bietet die schönste Auswahl; viel zu rührend wäre dagegen sein Tancred. Wollte man gar eine Weiglsche «Schweizerfamilie» wählen, so könnten Empfindsamere vor lauter Weinen gar nicht zum Essen kommen. Spontinische Musik würde wenigstens nicht durch zu großen Melodienreichtum die Aufmerksamkeit vom Essen abziehen, könnte aber durch ihren Herz und Nieren erschütternden Amboß- und Hammer-, Trommel- und Trompetenlärm einen dem Appetit sehr ungünstigen Schrecken einflößen.

Ach, wie viele Musiken sind nichts als mehr oder weniger abfallende Abwandlungen Besserer!

Die meisten der ganz neuen Komponisten aber sind rein unappetitlich. Da beginnt eine Ouvertüre mit einigen geheimnisvollen, kurzen Baßarten im Adagio, ahnungserwekkende bedenkliche Pausen folgen, düstre Triolen und Sextolen würgen, wühlen und arbeiten in der Tiefe; einiges hohes Gänsegeschnatter steigert die unheimliche Erwartung. Pause. – Wieder einzelne Pizzicato-Baß-Achtel, dem Hörer in Abständen, wie bei der Hinrichtung durchs Rad, beigebracht, machen die Sache immer peinlicher. Neue Pause. – Nun, meint man, kommt was. Auf einmal, man weiß gar nicht warum, werden sämtliche Instrumente von plötzlich ausbrechender, heftigster Tobsucht ergriffen, ein wahnsinniges Furioso prestissimo fortissimo raset los, und es vergeht einem vernünftigen Menschen Hören und Sehen. Man hofft immer aufs Ende. Der Komponist neckt aber mit den immer scheinbar genäherten und wieder entzogenen, immer wiederkehrenden Schlußsätzen den unglücklichen Hörer wie ein barbarischer Krieger den Wehrlosen mit dem letzten Todesstoß oder ein naseweiser Junge seinen Pudel mit der vorgehaltenen, bald nahe, bald ferne gerückten heißersehnten Bratwurst.

Mit dergleichen sollte man zum Tode verurteilte arme Sünder martern und sie, wenn sie die Musik überstanden haben, begnadigen. Jeden unschuldigen Menschen aber, oder wenigstens wer nichts Schweres verbrochen hat, verschonen.

In Summa: Will man andere Tafelmusik, so wähle man um des Himmels willen keine Zahnschmerz erregende Blechmusik im Zimmer, keine ernsten Posaunen, keinen Trommel- und Paukendonner, kein Trompetenschmettern, keinen Janitscharenlärm. Ebensowenig aber Herz- und Schmerzstücke, Sehnsuchtswalzer und Molltonarten, sondern leichte, tändelnde Allegri, kleinere Andante-Symphonien, Rondi, Pastoralen o. ä. Oboen, Klarinetten, Flöten, Hörner, Fagotts, mit Diskretion geblasen, genügen und sind wohl am schicklichsten. Das Verfahren des wackeren Porträtmalers Joshua Reynolds gilt als Grundregel. Er wandte allen Fleiß auf den Hauptgegenstand und vernachlässigte absichtlich die Neben- und Beiwerke, um die Aufmerksamkeit nicht von jenem abzulenken. Gesang von wirklichen Sängern oder gar Sängerinnen wäre viel zu gut zur Tafelmusik.

Die Sache hat aber immer noch ihr Bedenkliches. Langsame Tempi passen nicht. Nun bringt aber muntere, schnell fortschreitende Musik in dem Hörer unwillkürlich entsprechende rasche Bewegungen hervor und könnte also selbst einen sonst taktfesten Esser aus der Ruhe bringen und Anlaß zum zu schnellen Essen geben. Es ist also am geratensten, mit Tafelmusik zunächst die Zwischenpausen, in denen nicht gegessen wird, die Zeit, wo ein Gericht abgetragen und das andere noch nicht aufgetragen ist, auszufüllen, auch wohl das Dessert damit zu untermalen. Musik nach dem Essen ist eigentlich keine Tafelmusik mehr.

ANTONIUS ANTHUS

Alles fügt sich und erfüllt sich . . .

Bündner Gerstensuppe

50 Gramm Zwiebeln, 50 Gramm gelbe Rüben, 50 Gramm Lauch, 1 Knoblauchzehe, 50 Gramm Rohschinken, 50 Gramm Bündnerfleisch, alles würfeln und in 1 Eßlöffel Butter andünsten. 50 Gramm Rollgerste dazugeben, weiterdämpfen, mit einem Teelöffel Mehl überstäuben, vermengen. Mit 1 Liter Bouillon und 1 Liter Milch auffüllen. Würzen mit einer Prise Majoran, frisch gemahlenem Pfeffer, ½ Lorbeerblatt und Salz. Etwa 45 Minuten köcheln lassen, dann ½ Deziliter Rahm hinzufügen.

In Stücke geschnittene Schweinswürstchen machen diese Suppe fast zum Hauptgericht für 4 geruhsame Esser.

Stilles Reifen

Alles fügt sich und erfüllt sich,
mußt es nur erwarten können
und dem Werden deines Glückes
Jahr und Felder reichlich gönnen.

Bis du eines Tages jenen
reifen Duft der Körner spürst
und dich aufmachst und die Ernte
in die tiefen Speicher führst.

CHRISTIAN MORGENSTERN

Die Lebenszeit

Als Gott die Welt geschaffen hatte und allen Kreaturen ihre Lebenszeit bestimmen wollte, kam der Esel und fragte: «Herr, wie lange soll ich leben?» – «Dreißig Jahre», antwortete Gott, «ist dir das recht?» – «Ach, Herr», erwiderte der Esel, «das ist eine lange Zeit. Bedenke mein mühseliges Dasein: vom Morgen bis in die Nacht schwere Lasten tragen, Kornsäcke in die Mühle schleppen, damit andere das Brot essen, mit nichts als mit Schlägen und Fußtritten ermuntert und aufgefrischt zu werden! Erlaß mir einen Teil der langen Zeit!» Da erbarmte sich Gott und schenkte ihm achtzehn Jahre. Der Esel ging getröstet weg, und der Hund erschien.

«Wie lange willst du leben?» sprach Gott zu ihm. «Dem Esel sind dreißig Jahre zuviel, du aber wirst damit zufrieden sein.» – «Herr», antwortete der Hund, «ist das dein Wille? Bedenke, was ich laufen muß, das halten meine Füße so lange nicht aus; und habe ich erst die Stimme zum Bellen verloren und die Zähne zum Beißen, was bleibt mir übrig, als aus einer Ecke in die andere zu laufen und zu knurren?» Gott sah, daß er recht hatte, und erließ ihm zwölf Jahre.

Darauf kam der Affe. «Du willst wohl gerne dreißig Jahre leben?» sprach der Herr zu ihm. «Du brauchst nicht zu arbeiten wie der Esel und der Hund und bist immer guter Dinge.» – «Ach, Herr», antwortete er, «das sieht so aus, ist aber anders. Ich soll immer lustige Streiche machen, damit die Leute lachen, und wenn sie mir einen Apfel reichen, so ist er sauer. Wie oft steckt die Traurigkeit hinter dem Spaß? Dreißig Jahre halte ich das nicht aus.» Gott war gnädig und schenkte ihm zehn Jahre.

Endlich erschien der Mensch, war freudig, gesund und frisch und bat Gott, ihm seine Zeit zu bestimmen. «Dreißig Jahre sollst du leben», sprach der Herr, «ist es dir genug?» – «Welch eine kurze Zeit!» rief der Mensch. «Wenn ich mein Haus gebaut habe und das Feuer auf meinem Herde brennt, wenn ich die Bäume gepflanzt habe, die blühen und Früchte tragen, und ich meines Lebens froh zu werden gedenke, so soll ich sterben! O Herr, verlängere meine Zeit.» – «Ich will dir die achtzehn Jahre des Esels zulegen», sagte Gott. – «Das ist nicht genug», erwiderte der Mensch. – «Du sollst auch die zwölf Jahre des Hundes haben.» – «Immer noch zu wenig.» – «Wohlan», sagte Gott, «ich will dir noch die zehn Jahre des Affen geben, aber mehr erhältst du nicht.»

Also lebt der Mensch siebzig Jahre. Die ersten dreißig sind seine menschlichen Jahre, die gehen schnell dahin; da ist er gesund, heiter, arbeitet mit Lust und freut sich seines Daseins. Hierauf folgen die achtzehn Jahre des Esels, da wird ihm eine Last nach der anderen auferlegt; er muß das Korn tragen, das andere nährt, und Schläge und Tritte sind der Lohn seiner treuen Dienste. Dann kommen die zwölf Jahre des Hundes, da liegt er in den Ecken, knurrt und hat keine Zähne mehr zum Beißen. Und wenn diese Zeit vorüber ist, so machen die zehn Jahre des Affen den Beschluß. Da ist der Mensch schwachköpfig und närrisch, treibt alberne Dinge und wird ein Spott der Kinder.

GEBRÜDER GRIMM

Vergänglichkeit

Wie lange leben wir auf Erden?
Nicht für immer,
nur eine kleine Spanne.
Jade zerbricht,
Gold wird zerdrückt,
Quetzalfedern knicken.
Nichts dauert auf Erden,
alles lebt nur einen Hauch lang.
Unsere Zeit ist geliehen,
im Nu müssen wir sie hinter uns lassen.

AZTEKISCHE WEISHEIT

Hoffnungslos

Wer im zwanzigsten Jahr nicht schön, im dreißigsten nicht stark, im vierzigsten nicht klug, im fünfzigsten nicht reich ist, der darf danach nicht hoffen.

MARTIN LUTHER

Überall

Überall ist Wunderland.
Überall ist Leben.
Bei meiner Tante im Strumpfenband
Wie irgendwo daneben.
Überall ist Dunkelheit.
Kinder werden Väter.
Fünf Minuten später
Stirbt sich was für einige Zeit.
Überall ist Ewigkeit.

Wenn du einen Schneck behauchst,
Schrumpft er ins Gehäuse.
Wenn du ihn in Kognak tauchst,
Sieht er weiße Mäuse.

JOACHIM RINGELNATZ

Halte die Stunden zusammen

Rette dich dir selbst; sammle und erhalte dir die Zeit, die dir bisher entweder geraubt oder entwendet wurde oder entschlüpfte . . .

Hier wird uns eine Stunde entrissen, dort eine heimlich entzogen, eine andere entschlüpft uns unbemerkt. Der schimpflichste Verlust jedoch ist der durch Nachlässigkeit; und wenn du die Sache genauer betrachtest, so verfließt der größte Teil des Lebens den Menschen, indem sie Böses tun, ein großer, indem sie nichts tun, das ganze Leben aber, indem sie immer etwas anderes tun, als was sie eigentlich sollten . . .

Darum halte deine Stunden zusammen; du wirst dann weniger von dem Morgen abhängen, wenn du das Heute erfassest.

SENECA

Mit vierzig Jahren

Mit vierzig Jahren ist der Berg erstiegen,
wir stehen still und schau'n zurück.
Dort sehen wir der Kindheit stilles Liegen
und dort der Jugend lautes Glück.

Noch einmal schau, und dann gekräftigt
weiter

erhebe deinen Wanderstab!
Hier dehnt ein Bergesrücken sich, ein
breiter,
und hier, nicht drüben geht's hinab.

Nicht atmend aufwärts brauchst du mehr zu
steigen,
die Eb'ne zieht von selbst dich fort,
dann wird sie sich mit dir unmerklich
neigen,
und eh du's denkst, bist du im Port.

FRIEDRICH RÜCKERT

Die Teekanne

Es war einmal eine stolze Teekanne, die stolz auf ihr Porzellan war, stolz auf ihre lange Tülle, stolz auf ihren breiten Henkel, sie hatte was vorne und was hinten, die Tülle vorne, den Henkel hinten, und davon sprach sie sehr gern; aber sie sprach nicht von ihrem Deckel, der war gebrochen und genietet, er hatte Mängel, und von seinen Mängeln spricht man nicht gerne, das tun schon andere. Die Tassen, die Sahne- und Zuckerschale, das ganze Teeservice würde schon mehr an die Gebrechlichkeit des Deckels als an den guten Henkel und die ausgezeichnete Tülle denken und von ihnen reden, das wußte die Teekanne.

«Ich kenne sie!» sprach sie in sich hinein, «ich kenne auch meinen Mangel und gebe ihn zu, darin liegt meine Demut, meine Bescheidenheit, Mängel haben wir alle, aber man hat denn auch seine Vorzüge. Die Tassen bekamen einen Henkel, die Zuckerschale einen Deckel, ich bekam beides und noch eins voraus, das die anderen niemals erhalten, ich bekam eine Tülle, und das macht mich zur Königin auf dem Teetisch. Der Zuckerschale und dem Sahnetopf wurde es vergönnt, die Dienerinnen des Wohlgeschmacks zu sein, aber ich bin die Spenderin, die Waltende, ich verbreite den Segen unter die durstige Menschheit, in meinem Innern werden die chinesischen Blätter in dem geschmacklosen kochenden Wasser verarbeitet.»

Dieses alles sprach die Teekanne in ihrer mutigen Jugendzeit. Sie stand auf dem gedeckten Tisch, sie wurde von der feinsten Hand gehoben, aber die feinste Hand war linkisch, die Teekanne fiel. Die Tülle brach ab, der Henkel brach ab, der Deckel ist nicht der Rede wert, von dem ist genug gesprochen, die Teekanne lag ohnmächtig auf dem Fußboden, das kochende Wasser strömte aus ihr heraus. Es war ein derber Stoß, den sie bekam, und das traurigste war, daß die Leute lachten, sie lachten über die Teekanne und nicht über die linkische Hand.

«Die Erinnerung daran kriege ich nun nie und nimmer aus mir heraus!» sagte die Teekanne, wenn sie später ihren Lebenslauf sich selbst erzählte. «Man hieß mich Invalide, stellte mich in einen Winkel und schenkte mich tags darauf einer armen Frau, die um Bratenfett bettelte; ich geriet in die Schichten der Armut hinab, stand sprachlos da, aber wie ich dastand, begann mein besseres Leben, die ursprüngliche Bestimmung wird durch die Ereignisse oft in ganz andere Bahnen gelenkt. Es wurde Erde in mich hineingetan, das ist für eine Teekanne dasselbe, wie begraben zu werden, aber in die Erde wurde eine Blumenzwiebel gelegt, wer sie einlegte, wer sie hergab, das weiß ich nicht, hergegeben wurde sie, als

Ersatz für die chinesischen Blätter und das kochende Wasser, als Ersatz für den abgebrochenen Henkel und die Tülle. Und die Zwiebel lag in der Erde, lag in mir, sie wurde mein Herz, mein lebendiges Herz, ein solches hatte ich vordem niemals gehabt. Es war Leben in mir, Kraft und Willen, der Puls schlug, die Zwiebel keimte, sie war nahe daran, von Gedanken und Gefühlen gesprengt zu werden, diese brachen hervor in einer Blume, ich sah dieselbe, ich war die Trägerin, ich vergaß mich selbst in ihrer reizenden Schönheit, herrlich ist es, sich selbst in anderen zu vergessen! Die Blume aber bedankte sich nicht bei mir, sie dachte nicht an mich; sie wurde bewundert und mit Lob überschüttet. Ich freute mich sehr darüber, wie erfreut mußte sie davon nicht sein! Eines Tages hörte ich, wie man sagte, daß sie eine bessere Kanne verdiene. Man schlug mich entzwei, das tat fürchterlich weh; aber die Blume gelangte in eine bessere Kanne – und ich wurde in den Hofraum geworfen und liege noch dort wie eine alte Scherbe, aber ich habe die Erinnerung, die kann ich nicht verlieren.»

HANS CHRISTIAN ANDERSEN

Der Meister sprach

Der Meister sprach:
«Ich war fünfzehn,
und mein Wille stand aufs Lernen,
mit dreißig stand ich fest,
mit vierzig hatte ich keine Zweifel mehr,
mit fünfzig war mir das Gesetz des Himmels kund,

mit sechzig war mein Ohr aufgetan,
mit siebzig konnte ich meines Herzens
Wünschen folgen,
ohne das Maß zu übertreten.»

KONFUZIUS

Das Ziel des Lebens

Das Ziel des Lebens besteht darin, intensiv zu leben, voll geboren zu werden und voll wach zu sein; von den Ideen eines infantilen Allmachtsgefühls loszukommen und zur Erkenntnis seiner wirklichen, wenngleich begrenzten Kraft zu gelangen; fähig zu werden, das Paradoxon zu akzeptieren, daß ein jeder von uns zugleich das Allerwichtigste auf der Welt und doch nicht wichtiger als eine Fliege oder ein Grashalm ist; fähig zu sein, das Leben zu lieben und trotzdem den Tod furchtlos zu akzeptieren; die Ungewißheit über die wichtigsten Fragen, mit denen das Leben uns konfrontiert, hinzunehmen – und trotzdem an unser Denken und Fühlen, soweit es wirklich ein Stück von uns selbst ist, zu glauben; allein sein zu können und gleichzeitig mit den geliebten Menschen, mit jedem Mitmenschen auf Erden, mit allem Lebendigen eins sein zu können; der Stimme des Gewissens zu folgen, jener Stimme, die uns zu uns selber ruft, und trotzdem nicht uns selbst zu hassen, wenn wir ihr nicht gefolgt sind.

ERICH FROMM

Bis die Seele nachkommt

Eine Himalaja-Expedition war unterwegs nach Norden. Nachdem die Gruppe den ersten großen Paß überschritten und eine kurze Rast gemacht hatte, rief der Expeditionsleiter wieder zum Aufbruch. Dem leisteten aber die indischen Träger nicht Folge. Als ob sie nichts gehört hätten, blieben sie weiter auf ihren Planen hocken, die Augen am Boden, und schwiegen. Als der Europäer weiter in sie drang, schauten ihn einige Augenpaare verwundert an. Schließlich sagte einer: «Wir können nicht weitergehen, wir müssen warten, bis unsere Seelen nachgekommen sind.»

INDISCHE WEISHEIT

Ich bin froh, in unserer Zeit zu leben

... Ich habe lediglich den Eindruck, daß ich – so, wie ich geschaffen bin – in jedem früheren Jahrhundert mehr zu leiden gehabt hätte als heute. Auch in den großen Jahrhunderten der Geschichte in Ägypten, in Griechenland oder Rom, später in Frankreich, Spanien, Florenz oder Venedig, in London oder Amsterdam ...

Ich bin froh, in unserer Zeit zu leben, und ich bin ziemlich stolz auf sie, trotz ihrer Unvollkommenheiten, weil:

selbst wenn noch jeden Tag brutale Gewalt herrscht, diese doch von den meisten verurteilt wird;

selbst wenn der Mensch nicht so frei ist, wie er glaubt, es doch kaum mehr Sklaven gibt; selbst wenn Fragen der Rassen und Hautfarbe oft nur als politisches Sprungbrett dienen, es doch Tausende von Menschen gibt, die sich aufrichtig dazu bekennen, daß jeder Mensch das Recht hat, ein Mensch zu sein;

sich Zehntausende junger Menschen fast überall auf der Welt weigern, «legitim» zu töten, töten zu lernen und lieber ins Gefängnis gehen, als ihren Militärdienst abzuleisten;

wenn auch viele weiterhin aus Vergnügen oder Eitelkeit Tiere umbringen, eine große Zahl doch die Jagd mit der Kamera vorzieht, d. h. die Tierwelt lieber studiert als sie zerstört;

der amerikanische Kommandant, der die Operation über Hiroshima geleitet hat, sich zehn Jahre später das Leben nahm;

der Pilot des Flugzeugs, aus dem die Bombe abgeworfen wurde, zweimal einen Selbstmordversuch gemacht hat und heute, nachdem er die merkwürdigsten Dinge gestohlen hat, in eine psychiatrische Heilanstalt eingeliefert wurde (oder genauer, soeben aus ihr entflohen ist)

die «Starken» ein schlechtes Gewissen haben und, wenn sie ihre Stellung halten wollen, gezwungen sind, die Schwachen zu beschützen oder vorzugeben, sie zu beschützen;

selbst wenn es noch soziale Klassen gibt, niemand im Grunde seines Wesens wirklich noch daran glaubt;

man wagt, ohne befürchten zu müssen, ausgelacht zu werden – oder im Gefängnis zu landen –, Dinge zu sagen oder zu schreiben, die früher, unter der Gefahr, als Märtyrer zu enden, nur von einigen religiösen oder philosophischen Sekten gemurmelt wurden;

der Mensch ganz allgemein seinen Hochmut und seine Selbstgerechtigkeit abgelegt hat und beginnt, sich darüber klar zu werden, daß er nicht die Krönung der Schöpfung ist, geschaffen nach dem Ebenbild eines Gottes, sondern der kleine Teil eines Ganzen, von dem er nur Teile wahrnimmt;

die «Gelehrten» bei jeder neuen Entdeckung eingestehen, daß diese uns nicht etwa weiterbringt, sondern uns zurückwirft, da sie, anstatt eine Bestätigung zu bringen, neue Fragezeichen setzt . . .

Es gäbe viele solcher «Weil», kleine nur, gewiß, die nur ein ganz schwacher Hoffnungsschimmer sind. Es gibt noch weit mehr «Aber». Doch was nützt es, sie aufzuzählen, nachdem sie uns von allen Seiten überfluten?

Alle diese kleinen Hoffnungsschimmer, die immer zahlreicher werden und sich über einen immer größeren Teil der Erde ausbreiten, reichen schon aus, mir Mut zu geben und mich sogar ein wenig stolz zu machen.

Ich glaube an den Menschen.

Selbst und vor allem, wenn er gewissen biologischen Gesetzen (die uns zumindest als solche erscheinen) der Auslese, das heißt der Aussonderung der Schwachen, zuwiderzuhandeln scheint . . .

GEORGES SIMENON

Immer weiter

Ach, was sind wir dumme Leute –
Wir genießen nie das Heute.
Unser ganzes Menschenleben
Ist ein Hasten, ist ein Streben
Ist ein Bangen, ist ein Sorgen –
Heute denkt man schon an morgen
Morgen an die spätre Zeit –
Und kein Mensch genießt das Heut'.
Auf des Lebens Stufenleiter
Eilt man weiter, immer weiter.

Nutz den Frühling deines Lebens
Leb im Sommer nicht vergebens
Denn gar bald stehst du im Herbste
Bis der Winter naht, dann sterbste.
Und die Welt geht trotzdem heiter
Immer weiter . . .

OTTO REUTTER

Des Lebens Lauf

Mit 10 da macht man weiter nichts als Faxen
Mit 20 geht es ziemlich rund
Mit 30 ist man, wenn man Pech hat, schon erwachsen
Mit 40 hat man ein paar Überpfund
Mit 50 fühlt man sich manchmal wie 30
Mit 60 ist davon nicht viel zu sehn
Mit 70, 80, 90 ist man fleißig
damit beschäftigt, so zu tun,
als sei man wieder 10.

VOLKSWEISHEIT

Vorgefühl

Allmählich verwandelt das Mysterium des Lebens allen Kummer gewesener Tage in ruhige Heiterkeit.

Anstelle des jugendlich heißen Blutes tritt der Friede demütigen klaren Alters. Jeden Tag preise ich den Aufgang der Sonne und mein Herz jubelt mir wie früher zu.

Aber noch mehr liebe ich jetzt ihren Untergang, ihre langen schrägen Strahlen, die stille, sanfte, versöhnende Erinnerungen wachrufen, lichte Bilder aus meinem langen gesegneten Leben, und über all dem die Gerechtigkeit Gottes, die alles besänftigt, versöhnt und verzeiht.

Mein Leben geht zu Ende, ich weiß und fühle es. Doch mit jedem sich neigenden Tag spüre ich auch, wie mein irdisches Leben übergeht in ein neues, unendliches, unbekanntes, zukünftiges Leben, dessen Vorgefühl meine Seele vor Entzücken erzittern läßt, meinen Geist erleuchtet, mein Herz vor Freude weinen macht.

FJODOR DOSTOJEWSKI

Freude am Alter

Die schönen, schönen 60 Jahre! Die Menschen sind undankbar, die sich nicht auf das Alter freuen. Es ist einem ganz gleichgültig geworden, was die Menschen über einen sagen. Ich komme mir noch gerade so vor wie mit drei Jahren. Ich meine noch genau so zu empfinden, genau so zu denken wie im zartesten Kindesalter und durch die Lebenserfahrungen gar nicht im Innersten verändert worden zu sein. Ich bin noch so gottesfürchtig, noch so von der freudigen Hoffnung auf den Tod erfüllt wie im frühesten Kindesalter, wo meine Mutter mich gelehrt hatte, daß der schönste Weihnachtsabend die Todesstunde sei. Nun harre ich und hoffe auf meinen einzigen wirklichen Weihnachtsabend, auf den, den nichts mehr trüben kann ...

ELISABETH, KÖNIGIN VON RUMÄNIEN

Alter

Das aber ist des Alters Schöne,
Daß es die Saiten reiner stimmt,
Daß es der Lust die grellen Töne,
Dem Schmerz den herbsten Stachel nimmt.

Ermessen läßt sich und verstehen
Die eigne mit der fremden Schuld,
Und wie auch rings die Dinge gehen,
Du lernst dich fassen in Geduld.

Die Ruhe kommt erfüllten Strebens,
Es schwindet des Verfehlten Pein –
Und also wird der Rest des Lebens
Ein sanftes Rückerinnern sein.

FERDINAND VON SAAR

Loslassen

Innere Freiheit im Alter erreicht nur schwer, wer nicht gelernt hat, sich rechtzeitig von Illusionen und Nichtigkeiten des Alltags zu lösen, von Worten mit begrenzter Gültigkeit, von unstillbarer Sehnsucht, vom Streben nach Glück, dem Traum von der ewigen Jugend.

Wem es schwerfällt, von einer Lebensstufe in die andere hinüberzuwechseln, der wird Probleme haben, sich von alten Gewohnheiten zu lösen, zwangsläufige Veränderungen hinzunehmen.

Dramen spielen sich mitunter zwischen Mutter und

Tochter ab, der gutgemeinte Ratschläge auf die Nerven gehen. Manche Mutter kann ihr Kind nicht loslassen, möchte weiter sorgen, bestimmen, baut gegen die endgültige Abnabelung unbewußt Sperren auf. Beide, Mutter und Tochter, sind durch Liebe aneinandergekettet, finden nur schwer einen Ausweg. Das Sich-Freimachen von inneren Abhängigkeiten erfordert in der Regel viel Arbeit an sich selbst.

Das Sich-Loslösen von vielfältigen Bindungen in der Außenwelt fällt oftmals noch schwerer. Viele Männer erfahren das im Ruhestand, leiden unter dem Verlust an Einfluß und Macht. Sich von Hab und Gut zu trennen und irdische Sicherheiten aufzugeben, ist für viele unvorstellbar.

Aber was von alledem kann der Mensch mitnehmen, wenn sein Leben zu Ende geht? Ruhiges, rechtzeitiges Nachdenken tut not:

Was ist wirklich wertvoll? Was bleibt zurück? So wächst die Erkenntnis, wo die wirklichen Werte liegen.

Bald ist die Spreu vom Weizen getrennt. Oft fällt es schwer, feststellen zu müssen, daß vieles, vor dem man ein Leben lang auf den Knien lag, sich jetzt als Ilusion herausstellt oder als gering in seinem Wert.

Doch jeder kann im Alter noch umsteigen, eine andere Fahrkarte lösen zu einem neuen seelischen Bestimmungsort. Wer es schafft loszulassen, wird freier atmen können. Doch das wird keinem geschenkt. Es ist eine Herausforderung an das eigene Ich.

KARL KONRADIN LANG

O sag es nicht!

O sag es meinen Augen nicht,
Daß du sie suchst – sonst könnt es sein,
Indes der Herbst schon Kränze flicht,
Bräch' einmal noch der Lenz herein!

O sag es meinen Träumen nicht,
Daß du sie kennst – sonst könnt es sein,
Nach allem lächelnden Verzicht
Käm einmal noch des Wunsches Pein!

O sag es meinem Herzen nicht,
Daß du mich liebst – sonst könnt es sein,
Ich ließ noch spät im Abendlicht
Des Glückes ganze Torheit ein!

GISELA VON BERGER

Gebet um die Weisheit und Liebenswürdigkeit im Alter

O Herr, du weißt besser als ich,
daß ich von Tag zu Tag älter
und eines Tages alt sein werde.
Bewahre mich vor der Einbildung,
bei jeder Gelegenheit und zu jedem Thema
etwas sagen zu müssen.

Erlöse mich von der großen Leidenschaft,
die Angelegenheiten anderer
ordnen zu wollen.
Lehre mich, nachdenklich
(aber nicht grüblerisch),
hilfreich (aber nicht diktatorisch) zu sein.
Bei meiner ungeheuren Ansammlung
von Weisheit erscheint es mir ja schade,
sie nicht weiterzugeben –
aber du verstehst, o Herr,
daß ich mir
ein paar Freunde erhalten möchte.

Bewahre mich
vor der Aufzählung endloser Einzelheiten
und verleihe mir Schwingen,
zur Pointe zu gelangen.

Lehre mich schweigen
über meine Krankheiten und
Beschwerden.
Sie nehmen zu –
und die Lust, sie zu beschreiben,
wächst von Jahr zu Jahr.

Ich wage nicht, die Gabe zu erflehen,
mir Krankheitsschilderungen anderer
mit Freuden anzuhören, aber lehre mich
sie geduldig zu ertragen.

Lehre mich die wunderbare Weisheit,
daß ich mich irren kann.

Erhalte mich so liebenswert wie möglich.
Ich möchte kein Heiliger sein –
mit ihnen lebt es sich so schwer –,
aber ein alter Griesgram
ist das Krönungswerk des Teufels.

Lehre mich, an anderen Menschen
unerwartete Talente zu entdecken,
und verleihe mir, o Herr, die schöne Gabe,
sie auch zu erwähnen.

DER HL. THERESA VON AVILA ZUGESCHRIEBEN

Die Weisheit ist in allem . . .

Gazpacho

500 Gramm reife Tomaten, 1 rote Peperoni, 1 Gurke, 1 Zwiebel, 3 Scheiben Weißbrot, 3 Knoblauchzehen, 4 Eßlöffel Olivenöl, Salz, schwarzer Pfeffer, 2 Eßlöffel Sherry- oder Rotweinessig.

Knoblauch mit einer Prise Salz zerkleinern. Eine der Brotscheiben in Würfel schneiden, rösten, beiseite stellen. Die restlichen Brotscheiben in Stückchen brechen, mit dem Öl begießen und Brot und Knoblauch zu einer Paste kneten. 30 Minuten ruhen lassen. Tomaten, Gurke, Peperoni, Zwiebel schälen, entkernen, ein Drittel davon in Würfelchen schneiden, beiseitestellen. Die restlichen zwei Drittel mit der Brot-Knoblauch-Paste mixen. Durch ein Sieb streichen, mit dem Essig und ½ Liter Wasser verdünnen, mindestens zwei Stunden im Kühlschrank stehenlassen. Eiskalt servieren und beim Anrichten die gerösteten Brot- und Gemüsewürfelchen dazugeben.

Ein eiskaltes Vergnügen für vier Weise an heißen Tagen.

Die Weisheit ist in allem; der sie sucht, dem kommt sie aus allem entgegen. In allen möglichen Gegenständen, in allen Wissenschaften ist sie verborgen, und diese Liebe, dieses Suchen der Weisheit veredelt jedes Studium.

FRIEDRICH WILHELM VON SCHELLING

Weiser Rat

Zengezu, ein chinesischer Meister der Tang-Dynastie, schrieb folgenden Rat für seine Schüler auf:

«In der Welt leben, aber nicht abhängig sein vom Staub der Welt, das ist der Weg eines wahren Zen-Schülers.

Wenn du Zeuge der guten Tat eines anderen bist, so ermuntere dich selbst, seinem Beispiel zu folgen. Wenn du von der schlechten Tat eines anderen hörst, so rate dir selbst, ihm nicht nachzueifern.

Selbst wenn du allein in einem dunklen Raum bist, so verhalte dich nicht anders, als befändest du dich vor den Augen eines hohen Gastes. Drücke deine Gefühle aus, aber drücke nicht mehr aus, als deiner wahren Natur entspricht.

Armut ist dein Schatz. Tausche sie niemals gegen ein leichtes Leben ein.

Ein Mensch kann wie ein Dummkopf erscheinen, aber keiner sein. Vielleicht beschützt er nur sorgfältig seine Weisheit.»

ZENGEZU

Der Elefant

Es war einmal in Sawatthi ein König. Der ließ eines Tages alle Blindgeborenen von Sawatthi vor sich bringen und ihnen einen Elefanten zeigen. Der Mann, den er damit beauftragt hatte, ließ einige Blindgeborene den Kopf des Elefanten betasten, andere dessen Ohr, andere den Zahn, andere den Rüssel, andere den Rumpf, andere den Fuß, andere das Hinterteil, andere den Schwanz, andere das behaarte Schwanzende.

Später fragte der König die Blinden, ob sie denn wüßten, wie ein Elefant aussehe.

«Freilich, großer König», sagten sie. «Wir sind bereits einem Elefanten begegnet.»

«Nun, so beschreibt ihn mir doch!»

Diejenigen Blinden, die den Kopf betastet hatten, sagten, ein Elefant sehe aus wie ein großer Topf, die anderen sagten der Reihe nach, er sehe aus wie eine flache Schüssel, wie eine Pflugschar, wie die Stange eines Pfluges, wie ein Kornspeicher, wie ein Pfeiler, wie ein Mörser, wie eine Keule und wie ein Besen. Und sie gingen mit den Fäusten aufeinander los und schrien: «So ist ein Elefant, nicht so; nicht so, sondern so!»

Dem König aber machte das viel Vergnügen. Dann sprach der Erhabene diesen Spruch:

«Es plagen mit der Theorie
Sich einige Asketen
Und streiten, weil vom Ganzen sie
Nur einen Teil erspähten.»

UDANA

Wo aber will man Weisheit finden

Es hat das Silber seine Gänge, und das Gold, das man läutert, seinen Ort. Eisen bringt man aus der Erde, und aus den Steinen schmelzt man Erz. Man macht der Finsternis ein Ende und findet zuletzt das Gestein tief verborgen.

Man zerwühlt unten die Erde wie mit Feuer, darauf doch oben Speise wächst. Man findet Saphir an etlichen Orten, und Erdenklöße, da Gold ist. Auch legt man die Hand an die Felsen und gräbt die Berge um. Man reißt Bäche aus den Felsen; und alles, was köstlich ist, sieht das Auge. Man wehrt dem Strom des Wassers und bringt, das darinnen verborgen ist, ans Licht.

Wo will man aber die Weisheit finden? Und wo ist die Stätte des Verstandes? Niemand weiß, wo sie liegt, und sie wird nicht gefunden im Lande der Lebendigen.

HIOB 28,1–13

Was zu tun ist und was man geschehen lassen soll

Alle Weisheit läßt sich mit zwei Zeilen ausdrücken:
Was für dich getan wird – laß zu, daß es getan wird.
Was du selbst tun mußt – sorge dafür, daß du es tust.

CHAWWAS

Seelenruhe

Der Frühling stimmt mir heiter das Gemüt;
Ich schreite lustig in den frischen Morgen.
Nicht so wie sonst ist gallig mein Geblüt,
Und wenig oder nichts erregt mir Sorgen.

Die bunten Blumen und der klare Fluß,
Ich freu mich an den schönen Dingen,
Als edler Mensch empfind ich den Genuß,
Den hübsch gelegne Orte mit sich bringen.

Wie kann ich schwärmen für Natur und Kunst!
Es gibt nichts Besseres dahier auf Erden.
Was meinen Sie? Wem fehlt der blasse Dunst?
Sie müssen immer doch politisch werden!

Doch ganz umsonst! Mich bringt heut nichts in Wut,

Was auch ein bayrischer Minister sage!
Die Leutchen meinen es am Ende gut,
Wie sie's versteh'n, ist eine andre Frage.

Ich dacht von ihnen stets nur so la la,
Doch heute will ich – werden Sie's begreifen? –
Auf Paragraph einhundertvierundachtzig a
Und sonst noch wen und was vergnüglich pfeifen.

LUDWIG THOMA

Zazen-Meditation

Ein sehr gewissenhafter junger Mönch nutzte jeden freien Augenblick für Zazen. Sein Meister bemerkte seinen aufrichtigen und andauernden Eifer und wollte ihm helfen. Eines Tages, als der Mönch in einer Ecke des Hofes «Zen saß», nahm der Meister einen Ziegelstein, setzte sich neben ihn und rieb und polierte den Ziegel unablässig mit der Handfläche.

Dann fragte er den Mönch: «Was machst du da?»

«Ich versuche, ein Buddha zu werden», war die hoffnungsvolle Antwort. Als er bemerkte, wie der Meister sich mit dem Ziegelstein abmühte, fragte er:

«Aber Meister, was macht Ihr denn da?»

«Ich stelle einen Spiegel her», erwiderte der Meister.

«Aber kein noch so ausdauerndes Polieren kann aus einem Ziegelstein einen Spiegel machen», rief der Mönch verwundert aus.

«Und kein noch so ausdauerndes Sitzen kann aus einem Trottel einen Buddha machen», versetzte der Meister.

An eine geschätzte Person

Sie wollen mir einen Bären aufbinden?
Ich bitte Sie, wo?
Ich bitte Sie, wie?
Zuerst einmal müssen Sie einen Bären finden.
Ich frage Sie: Wie?
Ich frage Sie: Wo?
Und haben Sie einen Bären gefunden,

ist er mir noch längst nicht aufgebunden.
Denn ich frage Sie: Wie?
Und ich sag's Ihnen so:
Das Bärenaufbinden
bei Kindern und Alten,
bei Schöngestalten
und weniger solchen,
bei lustigen und wäßrigen Molchen,
das Bärenaufbinden
bei Klugen und Dummen,
bei Graden und Krummen,
bei Nachtschwärmern und Tagedieben
und denen, die es im Dämmern lieben,
das Bärenaufbinden
können Sie nicht sehen,
nicht im Sitzen, nicht im Stehen.
Darum bitte ich – in Erwartung – Sie:
Trauen Sie endlich Ihrer Phantasie.
Und wenn Sie Ihren Bären erfunden,
ist er mir auch schon aufgebunden.
Fragen Sie nicht: Wie?

PETER HÄRTLING

Nicht stehen bleiben

Freund, so du etwas bist,
So bleib doch ja nicht stehn:
Man muß aus einem Licht
fort in das andre gehen.

ANGELUS SILESIUS

Die Rose unter Dornen

Ein frommer Mann, der tief gekränkt und verwundet unter seinen Verfolgern lebte, ging traurig einmal auf und ab in seinem Garten, an den Wegen der Vorsehung fast zweifelnd. Wie festgehalten blieb er vor einem Rosenbusch stehen, und der Geist der Rose sprach zu ihm also: «Belebe ich nicht ein schönes Gewächs? Einen Kelch der Danksagung voll süßer Gerüche dem Herrn im Namen aller Blumen, sein Weihrauchopfer. Und wo erblickst du mich? Unter Dornen. Aber sie stechen nicht; sie beschützen mich und geben mir Säfte. Eben dies tun dir deine Feinde, und sollte dein Geist nicht mehr sein und fester als eine hinfällige Blume?» Gestärkt ging der Mann von dannen; seine Seele ward ein Kelch der Danksagung für – seine Feinde.

JOHANN GOTTFRIED HERDER

Für Moralisten

Ein Mensch hat eines Tags bedacht,
Was er im Leben falsch gemacht
Und fleht, genarrt von Selbstvorwürfen,
Gutmachen wieder es zu dürfen.
Die Fee, die zur Verfügung steht,
Wenn sich's, wie hier, um Märchen dreht,
Erlaubt ihm denn auch augenblicks
Die Richtigstellung des Geschicks.
Der Mensch besorgt dies äußerst gründlich,
Merzt alles aus, was dumm und sündlich.
Doch spürt er, daß der saubern Seele

Ihr innerlichstes Wesen fehle,
Und scheußlich geht's ihm auf die Nerven:
Er hat sich nichts mehr vorzuwerfen,
Und niemals wird er wieder jung
Im Schatten der Erinnerung.
Dummheiten, fühlt er, gibt's auf Erden
Nur zu dem Zweck, gemacht zu werden.

EUGEN ROTH

Der Klügere

Zwei Männer gingen zusammen in einen Garten. Kaum hatten sie ihn betreten, da begann der eine die Mangobäume zu zählen, wieviel Früchte jeder Baum trüge, und welches wohl der ungefähre Wert des ganzen Obstgartens sei. Der andere ging zum Besitzer des Gartens und machte seine Bekanntschaft. Darauf ging er ruhig zu einem Baum hin und begann, von seinem Wirt aufgefordert, von den Früchten zu pflücken und zu essen.

Welcher, meint ihr, war von beiden der Klügere? Eßt Mangofrüchte! Es wird euren Hunger stillen. Was hat es für einen Zweck, die Blätter zu zählen und Berechnungen anzustellen? Der eitle Verstandesmensch müht sich vergeblich, das «Warum» und «Wozu» der Schöpfung zu ergründen. Der demütige Weise wird statt dessen mit dem Schöpfer selber bekannt und genießt in dieser Welt höchste Glückseligkeit.

RAMAKRISHNA

Wer?

Wer ist zu heißen «Weiser» wert?
Wer sich von jedermann belehrt.
Wer ist ein «Held» zu heißen wert?
Wer seinen Trieb bezwingt, zerstört.
Wer ist zu heißen «Reicher» wert?
Wer freudig nimmt, was ihm beschert.
Wer ist «geehrt» zu werden wert?
Wer selber auch die Menschen ehrt.

HEBRÄISCHE WEISHEIT

So spricht der Weise

Der Weise, welcher sitzt und denkt
Und tief sich in sich selbst versenkt,
Um in der Seele Dämmerschein
Sich an der Wahrheit zu erfreun,
Der leert bedenklich seine Flasche,
Hebt seine Dose aus der Tasche,
Nimmt eine Prise, macht hapschie!
Und spricht: «Mein Sohn, die Sach ist die!

Eh' man auf diese Welt gekommen
Und noch so still vorliebgenommen,
Da hat man noch bei nichts was bei;
Man schwebt herum, ist schuldenfrei,
Hat keine Uhr und keine Eile
Und äußerst selten Langeweile.
Allein man nimmt sich nicht in acht,

Und schlupp! ist man zur Welt gebracht.
Zuerst hast du es gut, mein Sohn,
Doch paß mal auf, man kommt dir schon!
Bereits dein braves Elternpaar
Erscheint dir häufig sonderbar.
Es saust der Stab, dann geht es schwapp!
Sieh da, mein Sohn, du kriegst was ab!
Und schon erscheint dir unabwendlich
Der Schmerzensruf: Das ist ja schändlich!

Du wächst heran, du suchst das Weite,
Jedoch die Welt ist voller Leute;
Vorherrschend Männer, Weiber, Christen,
die dich ganz schrecklich überlisten
Und die, anstatt dir was zu schenken,
Wie du wohl möchtest, nicht dran denken.
Und wieder scheint dir unabweislich
Der Schmerzensruf: Das ist ja scheußlich!

Doch siehe da, im trauten Kreis
Sitzt Jüngling, Mann und Jubelgreis,
Und jeder hebt an seinen Mund
Ein Hohlgefäß, was meistens rund,
Um draus in ziemlich kurzer Zeit
Die drin enthaltne Flüssigkeit
Mit Lust und freudigem Bemühn
Zu saugen und herauszuziehn.
Weil jeder dies mit Eifer tut,
So sieht man wohl, es tut ihm gut.
Man setzt sich auch zu diesen Herrn,
Man tut es häufig, tut es gern,
Und möglichst lange tut man's auch;

Die Nase schwillt, es wächst der Bauch,
Und bald, mein Sohn, wirst du mit Graun
Im Spiegelglas dein Bildnis schaun,
Und wieder scheint dir unerläßlich
Der Schmerzensruf: Das ist ja gräßlich!!

Mein lieber Sohn, du tust mir leid,
Dir mangelt die Enthaltsamkeit.
Enthaltsamkeit ist das Vergnügen
An Sachen, welche wir nicht kriegen.
Drum lebe mäßig, denke klug.
Wer nichts gebraucht, der hat genug!»

So spricht der Weise, grau von Haar,
Ernst, würdig, sachgemäß und klar,
Wie sich's gebührt in solchen Dingen;
Läßt sich ein Dutzend Austern bringen,
Ißt sie, entleert die zweite Flasche,
Hebt seine Dose aus der Tasche,
Nimmt eine Prise, macht hapschie!
Schmückt sich mit Hut und Paraplü,
Bewegt sich mit Bedacht nach Haus
Und ruht von seinem Denken aus.

WILHELM BUSCH

Tao-te Ching

Die Welt erobern und behandeln wollen,
ich habe erlebt, daß das mißlingt.
Die Welt ist ein geistiges Ding,
das man nicht behandeln darf.
Wer sie behandelt, verdirbt sie,
wer sie festhalten will, verliert sie.
Die Dinge gehen bald voran, bald folgen sie,
bald hauchen sie warm, bald blasen sie kalt,
bald sind sie stark, bald sind sie dünn,
bald schwimmen sie oben, bald stürzen sie.
Darum meidet der Berufene
das Zusehr, das Zuviel, das Zugroß.

LAO-TZU

Handle so . . .

Handle wie der weiseste aller Lehrer,
der die Wasser fließen und die Erde
fruchtbar werden ließ.
Wirke durch deine Weisheit wie die Sonne,
wie der Mond durch deine Einfühlsamkeit,
wie der Wind durch deine Energie,
wie die laue Luft durch deine Milde,
wie das Feuer durch deine klare Rede.
Beginne dies Werk im ersten Morgenlicht,
und vollende es im Sternenschein.
Handle so, dann wirst du ewig leben.

HILDEGARD VON BINGEN

Suppenweisheit

Sie strahlt Geborgenheit aus, bietet Trost; nach einem anstrengenden Tag fördert sie die Geselligkeit . . . Es gibt nichts besseres als einen Teller Suppe, dessen aromatischer Duft die Nasenflügel in zitternde Vorfreude versetzt.

LOUIS P. DEGOUY

Ein Idealist ist jemand, der feststellt, daß eine Rose besser duftet als ein Krautkopf und daraus schließt, daß sich auch eine bessere Suppe aus ihr machen läßt.

H. L. MENCKEN

Sorgen lassen sich mit einer Suppe besser schlucken als ohne.

JÜDISCHES SPRICHWORT

Nur wer reinen Herzens ist, kann eine gute Suppe kochen.

LUDWIG VAN BEETHOVEN

Die unerläßlichste Zutat allen guten Kochens: Liebe für die, für die man kocht.

SOPHIA LOREN

Nach einem guten Essen kann man jedem verzeihen, sogar der eigenen Verwandtschaft.

OSCAR WILDE

210

Der Suppentest

Eine Woche war sie zu Besuch gekommen, die Schwiegermutter. Und nach einem Monat war sie immer noch da.

«Paß auf», sagte die verzweifelte junge Frau zu ihrem Mann. «Heute abend koche ich eine Suppe, du probierst sie, und dann fangen wir an zu streiten. Du sagst, die Suppe sei versalzen, und ich sage, sie schmeckt völlig fad. Ergreift meine Mutter deine Partei, dann bin ich gekränkt, mache ein großes Palaver und fordere sie schließlich auf, heimzureisen, wenn es ihr bei uns nicht passe.»

«Und wenn sie sich auf deine Seite stellt, was dann?» meinte der Ehemann skeptisch.

«Dann wirst du wütend, verteidigst mich und forderst sie auf, abzufahren.»

Der Abend kam, die Suppe kam, der Streit kam, wurde immer böser, bis die Tochter schließlich sagte: «Was meinst du denn, Mama, ist die Suppe nun versalzen oder nicht?»

Die Schwiegermutter probierte die Suppe lange und bedächtig, überlegte und sagte schließlich gelassen:

«Genau richtig ist sie!»

Inhalt

Die Freundschaft ist das edelste Gefühl . . .

Komm, Trost der Welt . . .

Geh aus, mein Herz, und suche Freud . . .

Wie herrlich leuchtet mir die Natur . . .

Kinder sind eine Gabe des Herrn . . .

Ich glaube, ich könnte zu den Tieren gehn ...

Was wäre unser Leben ohne Musik ...

Alles fügt sich und erfüllt sich . . .

Die Weisheit ist in allem . . .

Quellenverzeichnis

Bachmann, Ingeborg, *Erklär mir, Liebe* aus: Werke, Bd. 1, S. 109 f.; © Piper Verlag GmbH, München 1978
Bichsel, Peter, *Liebst Du mich?* aus: Irgendwo anderswo 1980–1985; © Suhrkamp Verlag, Frankfurt am Main
Bomans, Godfried J. A., *Interview mit dem Hundertjährigen* aus: Feuilletons; © by Langen Müller Verlag in der F. A. Herbig Verlagsbuchhandlung GmbH, München
Brecht, Bertolt, *Ich will mit dem gehen, den ich liebe* aus: Gesammelte Werke; © Suhrkamp Verlag, Frankfurt am Main 1967
Frank, Anne, *Auszug aus Tagebucheintrag vom 13. Juni 1944* aus: Anne Frank Tagebuch. Einzig autorisierte und ergänzte Fassung Otto H. Frank und Mirjam Pressler. © 1991 by Anne-Frank-Fonds, Basel. Alle Rechte vorbehalten S. Fischer Verlag GmbH, Frankfurt am Main
Fried, Erich, *Dich* aus: Liebesgedichte; © Verlag Klaus Wagenbach, Berlin 1979, NA 1995
Fromm, Erich, *Das Ziel des Lebens* aus: Wege aus einer kranken Gesellschaft; © Deutsche Verlags-Anstalt, Stuttgart
Hesse, Hermann, *Was wäre unser Leben ohne Musik* aus: Musik; © Suhrkamp Verlag, Frankfurt am Main 1976
Hildesheimer, Wolfgang, *Der Sommer war nicht groß genug/ Das Problem* aus: Mitteilungen an Max (S. 8–10; 11–14); © Suhrkamp Verlag, Frankfurt am Main 1983

Kaléko, Mascha, *Konsequenz des Herzens* aus: Das Lyrische Stenogrammheft; Copyright © 1956 by Rowohlt Verlag GmbH, Hamburg

Lang, Karl Konradin, *Freude/Loslassen* aus: Das Alter und ich; © 1995 Oberschwäbische Verlagsanstalt Drexler & Co., Ravensburg

Lindbergh, Anne Morrow, *Die ebenmässigen Dinge* aus: Stunden von Gold. Stunden von Blei. Jahre der Prüfung; © Piper Verlag GmbH, München 1973

Maugham, Somerset W., *Mabel* aus: Winter-Kreuzfahrt; Copyright © 1972, 1976 by Diogenes Verlag AG, Zürich

Mehden, Heilwig von der, *Unter Schwestern – Unter Brüdern* aus: Vielgeliebte Nervensägen; Copyright © Verlag Herder, Freiburg, 17. Auflage 1990

Mello, Antony de, *Petrus will Golf spielen/Der zu enge Heiligenschein/Lulu* aus: Der Dieb im Wahrheitsladen; © Verlag Herder, Freiburg 1997

Noack, Barbara, *Immer diese Familienfeiern!* aus: Ein Platz an der Sonne; © 1985 by Langen Müller Verlag in der F. A. Herbig Verlagsbuchhandlung GmbH, München

Prey, Hermann, *Auf der Golden Gate Bridge* aus: Premierenfieber; © 1981 Kindler Verlag, München

Trenker, Luis, *Die Zigeunergeige* aus: Meine besten Geschichten, © 1987 by Amalthea Verlag in der F. A. Herbig Verlagsbuchhandlung GmbH, München

Walser, Robert, *Freundschaft* aus: Das Gesamtwerk, Band 1; © Suhrkamp Verlag Zürich/Frankfurt am Main 1976 mit Genehmigung der Inhaberin der Rechte, der Carl Seelig-Stiftung, Zürich

Zelenka, Hans, *Meiner Kindheit liebster Freund;* © Literaturkontor Alte Schmiede GmbH, Göttingen